Winfried Prost

Rhetorik und Persönlichkeit

W0329876

Winfried Prost

Rhetorik und Persönlichkeit

Wie Sie selbstsicher und charismatisch auftreten

GABLER

Bibliografische Information der Deutschen Nationalbibliothek
Die Deutsche Nationalbibliothek verzeichnet diese Publikation in der
Deutschen Nationalbibliografie; detaillierte bibliografische Daten sind im Internet über
<http://dnb.d-nb.de> abrufbar.

1. Auflage 2010

Alle Rechte vorbehalten
© Gabler | GWV Fachverlage GmbH, Wiesbaden 2010

Lektorat: Ulrike M. Vetter

Gabler ist Teil der Fachverlagsgruppe Springer Science+Business Media.
www.gabler.de

Das Werk einschließlich aller seiner Teile ist urheberrechtlich geschützt. Jede Verwertung außerhalb der engen Grenzen des Urheberrechtsgesetzes ist ohne Zustimmung des Verlags unzulässig und strafbar. Das gilt insbesondere für Vervielfältigungen, Übersetzungen, Mikroverfilmungen und die Einspeicherung und Verarbeitung in elektronischen Systemen.

Die Wiedergabe von Gebrauchsnamen, Handelsnamen, Warenbezeichnungen usw. in diesem Werk berechtigt auch ohne besondere Kennzeichnung nicht zu der Annahme, dass solche Namen im Sinne der Warenzeichen- und Markenschutz-Gesetzgebung als frei zu betrachten wären und daher von jedermann benutzt werden dürften.

Umschlaggestaltung: KünkelLopka Medienentwicklung, Heidelberg
Druck und buchbinderische Verarbeitung: Ten Brink, Meppel
Gedruckt auf säurefreiem und chlorfrei gebleichtem Papier
Printed in the Netherlands

ISBN 978-3-8349-1238-1

Inhaltsverzeichnis

Einleitung

Die Rhetorik ist eine der antiken sieben freien Künste, als deren Mutter die Philosophie galt.

Als Praktischer Philosoph und Coach sehe ich meinen rhetorischen Auftrag darin, mit Menschen Wege und Werkzeuge zu entwickeln, wie sie ihre Ziele anderen besser verständlich machen und durch ihr Handeln wirksam erreichen. Dabei helfen bestimmte persönliche Grundeinstellungen und die persönliche Befähigung zur Kommunikation. Insofern lehre ich nicht die Geschichte der Rhetorik und bin auch kein Redenschreiber, sondern jemand, der die Voraussetzungen für eine erfolgreiche Kommunikation mit anderen Menschen reflektiert und erarbeitet.

Im Einzelfall kann es dabei zur Vorbereitung einer Rede durchaus nützlich sein, etwas aus 2500 Jahren rhetorischer Tradition als Werkzeug zu nutzen. Viel wichtiger ist es aber zu prüfen, worin die individuelle Herausforderung einer konkreten Situation liegt: Ist es wirklich nur Unkenntnis über rhetorische Techniken oder muss jemand erst einmal herausfinden, was er eigentlich wirklich will? Muss er nicht erst einmal Klarheit gewinnen, wofür er sich einsetzen will und was er entsprechend zu sagen hat? Oder hat jemand etwa ein so geringes Maß an Selbstsicherheit, dass er erst diese Voraussetzung erarbeiten muss, ehe er erfolgreich öffentlich reden kann? Es gibt auch Sprechblockaden, die so tief in einer Persönlichkeitsstruktur verankert sind, dass sie jemanden fundamental am Sprechen hindern. Vor jeder weiteren rhetorisch-technischen Reflexion müssen sie erst aufgelöst werden. Manche Menschen leiden an überfordernden Vorbildern und Maßstäben, die Ihnen gesetzt wurden oder die sie sich selbst gesetzt haben. Deren Überwindung ist dann die wichtigste Voraussetzung für ein rhetorisch-kommunikatives Gelingen.

All das sind Fragen, die geklärt werden müssen und die nichts mit dem Verfassen sprachlich eleganter Texte zu tun haben. Da hilft kein historischer Überblick über die Rhetorik, sondern eher die philosophisch-psychologisch-biografisch-persönliche Frage:

Wer bist du, wofür stehst du, was willst du bewirken, was hindert dich daran, was kann dich dazu anregen und ermutigen?

Danach kommt dann erst die im engeren Sinn rhetorische Fragestellung:

Wie bringt man das herüber, welche Worte, welche Argumente, welche Metaphern sind dafür geeignet und wie präsentiert man sie?

In diesem Buch begegnen Sie diesen beiden Aspekten, weil es Sie in einem umfassend ganzheitlichen Sinn inspirieren und anregen soll. Ich habe es aufgrund meiner nun fast 30-jährigen Seminar- und Coaching-Erfahrung als Erfolgs- und Lebenshilfe für die Praxis geschrieben.

Im ersten Rhetorik-Seminar, an dem ich als Student im Rahmen einer Schulung für hochschulpolitische Aktivitäten teilnahm, trainierten wir fünf Tage lang, klar gegliedert zu sprechen. Tatsächlich lernten wir erfolgreich, unsere verknoteten Sätze zu entwirren und mit kurzen klaren Aussagen schnell zum Punkt zu kommen. Gleichzeitig empfand ich, dass die Besten in dieser Übung zugleich am unsympathischsten wirkten. Es waren die aalglatten Streber und Karrieristen. Im günstigsten Fall konnten sie schließlich druckreif reden, aber keiner hätte ihnen geglaubt.

Von Anfang an wurde mir dabei klar, dass eine solche Rhetorik nur eine äußerlich aufgetragene Schminke war, die zwar die sprachliche Fitness und Brillanz erhöhte, nicht aber den Sympathiewert, die Überzeugungskraft und Glaubwürdigkeit der sprechenden Person.

Entsprechend habe ich in vielen Jahren daran gearbeitet herauszufinden, wie man glaubwürdiger überzeugen könne und worin die Wurzeln persönlicher Ausstrahlung und Überzeugungskraft lägen. Ich wurde tatsächlich fündig. Mit diesem Buch teile ich Ihnen meine Erkenntnisse darüber mit und wünsche Ihnen, dass Sie daraus viele Anregungen zum Überzeugen und Begeistern Ihrer Gesprächspartner und Zuhörer übernehmen können. Es soll Ihnen helfen, das in die Welt zu bringen, wofür Sie sich persönlich einsetzen und wofür Sie stehen.

1. Chancen und Risiken der Rhetorik

Wie viel Rhetorik tut gut?

Vielleicht haben Sie dieses Buch aus dem Gefühl heraus erworben, über ein Zuwenig an Rhetorik zu verfügen. Deshalb will ich Sie gleich zu Beginn warnen: Es gibt auch ein Zuviel und einen falschen Einsatz von Rhetorik.

Bevor ich Ihnen den Fächer an Möglichkeiten, den die Rhetorik bietet, ausbreite, will ich Ihnen deshalb zeigen, in welchem Rahmen und Umfang rhetorische Methoden sinnvoll und erfolgversprechend einzusetzen sind.

Zu wenig Rhetorik

Wenn Sie sich nicht trauen, etwas zu sagen, ist das ein Zuwenig an Rhetorik, ebenfalls, wenn Sie etwas sagen und damit nicht das erreichen, was Sie wollen.

Genauso ist es ein Zuwenig, wenn der Mitarbeiter eines Projektes eine wichtige Information über absehbar wesentlich höhere Kosten nicht kundtut, weil er Angst hat, dann von seinen Kollegen für den Abbruch des Projektes verantwortlich gemacht zu werden. Durch sein Schweigen kann er für seine Firma einen hohen wirtschaftlichen Schaden verursachen.

Auch wenn ein Zeuge aus Schüchternheit vor Gericht schweigt, obwohl er Entlastendes hätte beitragen können, kann er für einen Angeklagten katastrophale Folgen auslösen. Wäre er doch rhetorisch so sicher gewesen, dass er geredet hätte.

Nein, Schweigen ist nicht wirklich immer Gold, vor allem dann nicht, wenn es aus Schwäche geschieht. Reden kann sehr wohl Gold sein, wenn es das bewirkt, was gerade notwendig oder gewünscht ist.

Aber Reden muss auch gekonnt sein. Wenn man im Sinn einer guten Sache etwas stammelt, ohne in der Lage zu sein, sein Anliegen überzeugend zu kommunizieren, kann das verheerend wirken.

Eine ähnlich unbefriedigende Wirkung erzeugen oft abstrakt denkende Jungakademiker, Techniker oder Zahlenmenschen, wenn sie auf komplizierte Weise sprechen und unterwegs die Aufmerksamkeit ihrer Zuhörer verlieren.

Wenn Sie also, obwohl Sie flüssig reden, Ihre Ziele nicht erreichen, sollten Sie davon ausgehen, dass Sie vermutlich über ein Zuwenig an Rhetorik verfügen. Irgendetwas scheint Ihnen dann zu fehlen. Um dem abzuhelfen, bietet Ihnen dieses Buch die entsprechenden Anregungen und Werkzeuge.

Zu viel Rhetorik

Es gibt aber auch ein echtes Zuviel an Rhetorik. Worte können so stark sein, dass man damit heftigen Widerstand seiner Gegner bis hin zu Gewalt auslöst. Davor muss ich Sie am Anfang dieses Buches warnen. Die Rhetorik kann eine gefährliche Waffe sein. So gefährlich wie eine Handgranate. Gefährlich für den, gegen den sie gerichtet wird, aber wenn man nicht richtig mit ihr umgeht, kann sie auch nach hinten losgehen und den Werfer beziehungsweise den Sprecher verletzen oder sogar töten. Ich will Ihnen zwei wahre Fälle schildern:

> *Ein Apotheker* hatte in einer Bürgerinitiative zum Schutz einer Naturlandschaft vor den Schäden des Steinkohlebergbaus mitgearbeitet und wurde von seinen Mitstreitern wegen seiner exzellenten Sachrecherchen sehr geschätzt. Nachdem er mehrere Jahre erfolgreich im Hintergrund dieser Gruppe mitgewirkt hatte, lud ihn eine kommunale

Partei zur Mitarbeit ein. Er sagte zu und wurde schon bald als Kandidat für den Stadtrat aufgestellt und gewählt. Da musste er plötzlich bei Ratssitzungen und Bürgerversammlungen öffentlich reden.

Er ließ sich immerhin sofort rhetorisch schulen und beraten und lernte tatsächlich innerhalb von knapp zwei Jahren, effektvoll und mit erheblicher Breitenwirkung vor großen Bürgerversammlungen und in Fernsehinterviews zu sprechen. Sein Engagement und seine öffentliche Wirkung kamen seiner Partei und seiner Sache sehr zugute.

Die Gegenparteien, die sich für die Anliegen des Bergbaus engagierten, samt den entsprechenden Industrieunternehmen und Gewerkschaften, fühlten sich hinsichtlich Steuereinnahmen, Investitionen, Gewinnen und Arbeitsplätzen durch das positive Aufsehen des neuen Volkstribuns in der Öffentlichkeit massiv bedroht und beratschlagten, was sie gegen ihn unternehmen könnten. Sie versuchten es mit einem Frontalangriff auf seine Person: Sie behaupteten, seine Politik gefährde 5.000 Arbeitsplätze in der Region und mache damit 20.000 Menschen brotlos. In der Presse und auf einer gewerkschaftlich organisierten Großveranstaltung riefen sie die Bürger der Stadt auf, seine Apotheke in der Fußgängerzone zu boykottieren und nicht mehr dort einzukaufen.

Sofort in der nächsten Woche erlebte er einen Umsatzrückgang von fünfzehn Prozent. Da spürte er das erste Mal, was er mit seinen Worten bewirkt hatte, und erschrak zugleich. Er versuchte, seinem Anliegen in der Öffentlichkeit noch mehr Nachdruck zu verleihen und bereitete seine nächsten Auftritte rhetorisch noch besser vor. Aber je wirkungsvoller er redete, desto mehr Widerstand seiner Gegner löste er aus. Unter seinem Haus wurde ein neuer Schacht geplant und auf Grundlage des Bergrechts war es plötzlich angeblich notwendig, sein Haus vor möglichen Bergschäden zu schützen. Das führte dazu, dass sein Garten über ein halbes Jahr lang durch Baumaschinen, die die Fundamente seines Hauses unterfüttern sollten, verwüstet wurde. Zusätzlich erhielt er einen anonymen Drohbrief, sein schönes Fachwerkhaus würde wohl gut brennen. – Der Druck auf ihn und seine berufliche und private Existenz wuchs so stark, dass er schließlich körperlich zusammenbrach und sich nach längerer Krankheit aus der Politik zurückzog.

Der zweite Fall handelt von einem rhetorisch und juristisch sehr erfolgreichen *Wirtschaftsanwalt.* Er musste erleben, dass seine Gegner nach einer schweren und teuren Niederlage vor Gericht aus Rache einen Killer auf seinen Sohn ansetzen und ihn ermorden ließen. Er hatte sich im wahrsten Sinne um Kopf und Kragen geredet und stellte darauf hin seine weitere juristische Tätigkeit ein.

Das richtige Maß

Seien Sie also achtsam, was Sie mit Ihren Worten auslösen. Sowohl mit Reden als auch mit Schweigen können Sie Prozesse auslösen, die Gefahren bergen. Es kommt auf das rechte Maß von Reden und Schweigen an sowie auf die Richtung, in der Sie die Rhetorik einsetzen: Sie können Sie zum politischen, juristischen oder fachlichen Polarisieren oder zum gewinnenden Überzeugen einsetzten, Sie können sich mit Ihren Worten Gegner schaffen oder Verbündete.

Auch das Maß sprachlicher Perfektion und rhetorischer Brillanz lässt sich gewiss unbegrenzt steigern, aber dem entspricht nicht unbedingt ein Zuwachs an Sympathie und Glaubwürdigkeit. Würden Sie ständig in Versen sprechen, wäre das sprachlich vielleicht eine geniale Leistung, aber Sie könnten zugleich lächerlich wirken. Würden Sie ständig druckreif sprechen, könnten Sie durch die mit dieser Präzision verbundene Kälte auf andere Menschen abstoßend wirken. Je logischer Sie argumentieren könnten, desto mehr Ängste könnten Sie bei anderen Menschen auslösen.

Vertrauen ist ein Geschenk, das man vor allem Menschen schenkt, die einem nah, natürlich, warm und zugewandt erscheinen. Sympathie schenkt man Menschen mit denen man sich identifizieren kann, das heißt, mit denen man Ähnlichkeiten empfindet.

Wer zu viel schweigt, verweigert sich der Kommunikation. Wer zu viel redet, verhindert ebenfalls den Austausch.

Sie sehen, es kommt wirklich darauf an, die goldene Mitte zwischen Reden und Schweigen, zwischen Perfektion und Chaos, zwischen Egozentrismus und sich prostituierender Hingabe bis zur Selbstauflösung zu finden. Diese Mitte zu finden bedeutet, eine mobile Balance zwischen mehreren Polaritäten herzustellen und zu bewahren. Sie ist kein statischer Zustand, sondern ein jederzeit wieder neu zu gewinnendes Gelingen.

Rhetorik: Falscher Schein oder Kleid der Wahrheit?

Manipulative Rhetorik

Neben einem Zuviel und Zuwenig gibt es auch den manipulativen Gebrauch von Rhetorik. Im Großen können Sie da an die letzten großen Wahlkampfschlachten denken oder an die Propagandamaschinerien von Diktaturen, im Kleineren vielleicht an klebrig-lästige Verkäufer oder die subtilen Verführungen durch die Werbung im Alltag.

Bei Manipulationsversuchen geht es immer darum, sich mittels Bildern und Worten Sprache an andere Menschen heranzuschleichen und sie unmerklich zu etwas zu bringen, was ihre eigentlichen Interessen so wenig berücksichtigt, dass es ihnen sogar entgegenwirken kann. Die Manipulierten erleiden Schaden und der Manipulator hat einen scheinbaren Gewinn.

Da niemand auf Dauer über seine wirklichen Bedürfnisse getäuscht werden kann, sondern nur in seinem Bewusstsein darüber, zeigt sich vielfach, dass der Gewinn des Manipulators nur vorübergehend zu realisieren ist und die Realität ihn irgendwann wieder überholt. Eine später aufgedeckte oder empfundene Manipulation zerstört auf jeden Fall das Vertrauen zum Gegenüber und entlarvt ihn als Manipulator.

Diese Gefahr des Vertrauensverlusts ist der Hauptgrund, weshalb von Manipulationsversuchen abzuraten ist. Das heißt aber nicht, dass Sie die Mittel der Beeinflussung nicht zu kennen brauchen. Im Gegenteil, nur wenn Sie sie kennen, können Sie die Versuche anderer durchschauen und aufdecken, die Sie oder andere manipulieren wollen. Die Mittel der Sprache und der Kommunikationspsychologie sind selbst wertneutral. Zum wirksamen Überzeugen sollten Sie sie beherrschen und einsetzen können. Andernfalls könnten Sie leicht der Unterlegene sein.[1]

Rhetorik im Widerspruch zur inneren Person

Neben einem Zuviel, einem Zuwenig oder einem manipulativen Gebrauch von Rhetorik gibt es auch eine Rhetorik, die im Widerspruch zur inneren Person eines Sprechers steht. In meinen Seminaren und Beratungen habe ich etwa 45.000 Videosequenzen auf nonverbale Signale von Sprechern analysiert. Das eindeutige Fazit lautet: Du kannst nicht lügen! Die meisten Zuhörer werden zwar nicht bewusst registrieren, wenn ein Redner mit seiner Körpersprache widersprüchliche Signale zu seinen Worten sendet, aber mit ihrem intuitiven Gefühl erfassen sie das doch. Daraus generieren sich graduelle Gefühle des Vertrauens oder Misstrauens, der Sympathie oder der Ablehnung. Glaubwürdig, sympathisch und dauerhaft überzeugend wirkt nur eine Person, die in Wort und Körpersprache kohärent ist. Voraussetzung dafür ist, dass sie mit sich selbst und ihrem Anliegen im Einklang ist. Je stärker sie das ist, desto charismatischer wirkt sie.

Aber es geht hier nicht nur um eine innere Harmonie zugunsten einer verstärkten Überzeugungskraft. Es geht zugleich um eine innere Grundbefindlichkeit, die über Gesundheit und Krankheit entscheidet. Wer mit sich über längere Zeit in gravierenden inneren Zwiespälten lebt, geht ein

1 Ich verweise hier auch auf meine Bücher „Manipulation und Überzeugungskunst“ und „Dialektik – die Psychologie des Überzeugens“. Das erste befasst sich vor allem mit den Möglichkeiten der Sprache, das zweite mit der Kommunikation im Gespräch. Dieses Buch hier zeigt dagegen die Möglichkeiten der sendenden Kommunikation vor Gruppen auf.

hohes Risiko ein, krank zu werden. Anhand der beiden folgenden Beispiele will ich Ihnen das veranschaulichen:

Der bereits erwähnte umweltpolitisch engagierte *Apotheker* war schließlich krank geworden. Das lag daran, dass er nur äußerlich rhetorische Techniken hinzugelernt und innerlich derselbe schüchterne und angstbesetzte Mensch geblieben war, der er vorher schon gewesen war. So hatte er dem Rückkopplungseffekt seiner rhetorischen Wirkung persönlich nicht standhalten können. Mit der rhetorischen Technik hatte er zwar Mittel in die Hand bekommen und eingesetzt, mit denen er seinen Gegnern Furcht einflößen konnte, aber von seiner psychisch-seelischen Konstitution her war er zu schwach, um seine eigene Furcht vor der angedrohten Gegengewalt auszuhalten. Die davon ausgehende Spannung verkraftete er nicht.

Von seiner psychischen Grundausstattung her muss man es demnach psychologisch sogar als gesund oder zumindest richtig ansehen, dass er ursprünglich ein miserabler Redner war. Sein Mangel an Ausdrucksfähigkeit schützte ihn vor Wirkungen, denen er persönlich nicht gewachsen war.

Eine rhetorische Beratung mit ganzheitlicher Betrachtung von Situation und Person hätte ihm entweder die erbetene rhetorisch-technische Aufrüstung verweigern oder aber gleichzeitig seine psychische Konstitution so stark mitentwickeln müssen, dass ihn die Gegenbedrohung kalt gelassen hätte. Da das nicht geschehen war und seine Entwicklung nur einseitig stattgefunden hatte, kam er schließlich aus dem Gleichgewicht und brach zusammen.

In einem anderen Fall zeigte sich ebenfalls, wie ein Zwiespalt zwischen Innen und Außen zu fatalen Folgen führte: Ein *56-jähriger Vorgesetzter* fühlte sich verpflichtet, für einen langjährigen Mitarbeiter, der gegen ihn jahrelang einen subtilen Krieg geführt hatte, die Ruhestands-Entlassungsrede zu halten. Er wollte damit die Form wahren und sich mit einer großzügig ehrenden Rede souverän zeigen. Er verfasste ein Manuskript, in dem allerdings jedes Wort seinen inneren Überzeugungen widersprach. Seine Sekretärin berichtete später, er

> habe mehrere Tage an dieser Rede gebastelt und sei dabei „wie Falschgeld" herumgelaufen. Als er dann am entscheidenden Tag die Rede hielt, versagte ihm kurz vor der Hälfte der Rede die Stimme, er fing an zu torkeln, versuchte noch, nach dem Mikrofon zu greifen, und fiel zu Boden. Er hatte einen Herzinfarkt erlitten und starb kurz darauf vor den mehr als hundertzwanzig anwesenden Gästen an Ort und Stelle.
>
> Dieses schicksalhafte Ereignis zeigt, was für eine starke Redehemmung doch ein innerer Zwiespalt sein kann. Das Unterbewusstsein dieses Mannes scheint ausgedrückt zu haben: „Ehe dass ich dem, der mich jahrelang gequält und verfolgt hat, noch etwas Freundliches sage, falle ich lieber tot um."

Beide Fälle[2] zeigen exemplarisch, dass äußere Rede und innere Person eng zusammenhängen und nicht von einander getrennt betrachtet werden können.

Rhetorik im Einklang mit der inneren Person

Die rhetorische Wirkung eines Menschen, dessen innere und äußere Person im Einklang sind, zeigen die beiden nächsten Beispiele:

Ein aktuelles Bild für die glaubwürdige Wirkung einer Übereinstimmung zwischen Person und Botschaft hat der amerikanische Präsident *Barrack Obama* in seinem großen Wahlkampf 2008 deutlich in die Welt gebracht. Man mag über seine rhetorischen Berater das Beste denken und ihn für besonders geschickt und geschult halten. Das Überraschende und Beeindruckende war eigentlich, dass er den ganzen Wahlkampf ohne grobe rhetorische Ausrutscher bewältigt hat und auch in brenzligen Diskussionen niemals eine rhetorische Maske fallen ließ, hinter der ein anderes Gesicht zum Vorschein gekommen wäre. Wäre ihm das passiert, hätte ihm auch kein Berater mehr helfen können. Er blieb auf glaubwürdige Weise immer derselbe und mit sich selbst identisch. Insgesamt konnte er

---

2 In meinem Buch „Aus Partituren des Schicksals" habe ich weitere Fälle beschrieben.

überzeugend herüberbringen, dass er keine Maske trug und bei allem, was er vertrat, stets sein wahres Gesicht zeigte. Das trug und trägt ihm eine ungeheuerliche Popularität ein und dafür wurde er schließlich vor allem gewählt. Ähnliches wird von John F. Kennedy und noch stärker von Martin Luther King berichtet.

Im zweiten Beispiel handelt es sich um eine ganz *einfache Frau,* die keinesfalls im Verdacht stehen kann, rhetorisch geschult worden zu sein: Eine Ordensschwester, deren Hauptaufgabe jahrzehntelang der Dienst in der Sakristei war, wurde 80 Jahre alt. Sie war bescheiden, unprätentiös und sprachlich kaum gefordert. Reden brauchte sie nie zu halten und das lag auch nicht in ihrem Wesen. Als ihr zum Geburtstag vor 60 Gästen eine sehr persönliche und zu Herzen gehende Gratulationsrede gehalten wurde (vermutlich die erste Rede, die ihr je persönlich gegolten hatte), sprang sie sehr bewegt auf und hielt eine Antwortrede. Ich war Zeuge davon und kann berichten, dass diese spontane Rede in jeder Hinsicht rhetorisch vollkommen war. Das lag daran, dass sie sich dabei in vollkommenen Einklang mit sich selbst befand: Sie war herzlich mit ihren Gästen verbunden, es war ihr Geburtstag und sie hatte durch den Anlass eine zweifelsfreie Legitimation zum Sprechen. So schaffte sie es mit einem freien, von Herzen kommenden Redefluss die Herzen all ihrer Gäste mit ihrer Freude und Liebe zu berühren und zu öffnen. Der Nachmittag prägte sich dadurch den Gästen besonders nachhaltig ein. Später habe ich gehört, dass sie seitdem auch bei anderen Anlässen wieder gesprochen hat. Sie hatte also mit 80 Jahren ein rhetorisches Comingout.

Beide Beispiele zeigen, dass echte Authentizität die elementare Voraussetzung für überzeugendes Sprechen ist.

Dieses Buch soll Ihnen entsprechend nicht nur rhetorisch-technische Mittel zur Verfügung stellen, sondern Sie unterstützen, die Authentizität Ihrer Person weiter auszubauen. Dann werden Sie Ihre Gesprächspartner und Zuhörer auch mit echter Überzeugungskraft gewinnen können.

Zusammenfassung

Die zentrale Fragestellung der Rhetorik lässt sich im Sinne des bisher Gesagten so formulieren:

Wie bringen Sie das, wovon Sie überzeugt sind und was Ihre Zuhörer vielleicht nicht hören und wissen wollen, so herüber, dass Sie sich dabei gut fühlen und diese es mit Wohlgefallen aufnehmen?

Dieses Buch soll Ihnen dabei helfen, Überzeugungskunst und Rhetorik in einem ganzheitlichen Zusammenhang mit Ihrer Persönlichkeit zu sehen und Ihr Charisma aus einem möglichst hohen Maß an innerem Einklang heraus zu erarbeiten. Mit einem rechten Maß an glaubwürdiger Rhetorik stehen Sie als Person und Sprecher im Mittelpunkt und können aus Selbstsicherheit und innerer Klarheit eine Ausstrahlung entwickeln, mittels derer Sie Ihre Überzeugungen, durch unterstützende technisch-rhetorische Wirkmittel verstärkt, glaubwürdig zu anderen Menschen hinüberbringen.

Was die Sprache alles kann

Der Zweck des Sprechens und der Rhetorik

Wenn Sie ein Kind fragen, wofür es gut ist, sprechen zu können, könnten Sie die Antwort bekommen: „Um zu sagen, was man will!“ Wenn Sie das einmal als den ersten und ursprünglichen Zweck des Sprechens nehmen, dann geht es dabei in erster Linie darum, Inneres nach außen zu transportieren und sich anderen mitzuteilen. Sprechen ist insofern also zunächst *Offenbarung* und nicht *Verdeckung*.

Die Angst, mit seinen Wünschen von anderen abgelehnt zu werden, ist dann die erste Ursache, sich seine Worte gut zu überlegen und manches vielleicht lieber zu verschweigen. Aus der Überlegung: „Wie kann ich andere dazu bringen, mir zu helfen, das zu bekommen, was ich will?“, entsteht dann der erste Impuls für Überzeugungs- oder Manipulationsversuche.

Die rhetorische Herausforderung in dieser Situation liegt darin, Ausdrucksmöglichkeiten zu finden und zu gestalten, die Verständnisbrücken zu anderen Menschen schaffen. Insofern sollte die Rhetorik in erster Linie dafür da sein, Selbstoffenbarung zu ermutigen und zu erleichtern. Neben der Mitteilung des Alltäglichen muss sie auch helfen, Persönliches, Heikles oder Unangenehmes konstruktiv zu kommunizieren. Was man sich bisher nicht zu sagen traute, wird dann zur heilsamen Grundlage für eine neue Ebene des Dialogs.

In diesem Sinn können Sie auch den Begriff *Rhetorik* aus seiner etymologisch ursprünglichen Bedeutung als *Lehre vom Fließen* her verstehen. Damit ist einerseits gemeint, Inneres nach außen fließen zu lassen, andererseits, es bei anderen Menschen so hineinfließen zu lassen, dass es diese innerlich erreicht. Es geht also darum, „Einfluss" zu gewinnen.

Wenn man ohne ein solches Verständnis von Rhetorik besser manche Wahrheit vor sich selbst verbarg und verdrängte, weil man meinte, sie ohnehin nicht sagen zu können, erlaubt und fordert das hier vermittelte Verständnis von Rhetorik eine vertiefte Prüfung und Reflexion dessen, was man selbst eigentlich wirklich will.

Techniken, die dazu dienen sollen, Unsicherheiten zu verbergen oder zu überspielen, gehören demnach nicht zur Rhetorik. Genausowenig Methoden, die helfen sollen, etwas vorzutäuschen, was nicht ist. Sie alle führen zur Zerstörung von Vertrauen, dem wichtigsten Wert in der Kommunikation. Darüber hinaus führen sie auch zu einer Entfernung von den eigenen Überzeugungen und damit in einen inneren Zwiespalt und weg von der eigenen Identität.

Rhetorik soll und kann also weder Ersatz für Persönlichkeit sein, noch taugt sie als Mittel zur Vorspiegelung von Persönlichkeit. Sie gewinnt und erfüllt ihren Sinn und Zweck, wenn sie zur Ausdruckshilfe für die tatsächliche eigene Persönlichkeit wird.

Einige Kerngedanken zum Zweck der Rhetorik lassen sich wie folgt auf den Punkt bringen:

- Rhetorik soll nicht Meinungen nachsagen,
  sondern helfen, die eigene zu offenbaren.

- Rhetorik soll nicht Eindruck schinden,
  sondern den Zugang zu Menschen finden.
- Rhetorik soll nicht eitel brillieren,
  sondern Menschen zum Träumen inspirieren.
- Rhetorik ist nicht, schöne Masken zu tragen,
  sondern sein wahres Gesicht zu offenbaren.
- Rhetorik soll sich nicht Applaus erraffen,
  sondern einem Anliegen Zustimmung verschaffen
- Rhetorik ist nicht: Reden ohne etwas zu sagen,
  sondern mit wenigen Worten viel beizutragen.
- Rhetorik ist nicht, mit Streicheln zu schmeicheln,
  sondern für eine bittere Medizin zu erweichen.
- Rhetorik ist nicht, sich in Szene setzen,
  sondern eine Rede in höchstens zehn Sätzen.
- Rhetorik soll nicht nur Leute unterhalten,
  sondern ein Anliegen mit Sinn verwalten.
- Rhetorik ist nicht ein leeres Gerede,
  sondern gehaltvolle lehrende Rede.
- Rhetorik ist nicht, sich elegant zu verbeugen,
  sondern flammende Herzen zu erzeugen.
- Rhetorik ist nicht, perfekt Unsinn schwätzen,
  sondern Vermittlung von geistigen Schätzen.
- Rhetorik ist nicht wie Rauch oder Nebel,
  sondern scharf wie Pistole oder Säbel.

Welche Funktionen und Möglichkeiten Ihnen die Sprache bietet

Was ist Sprache?

Unsere Sprache ist uns meistens viel zu selbstverständlich, um eigens darüber nachzudenken, was für ein bedeutsames Phänomen sie ist. Wenn man in einem fremden Land kein Wort mehr versteht, macht man sich vielleicht Gedanken um ihren tieferen Wert. Und wenn man einmal ein Kind beim mühsamen Erwerben seiner Sprache begleitet oder gar einem Taubstummen begegnet, der niemals sprechen gelernt hat, wird deutlich, von welch gewaltiger Bedeutung sie für unser Leben ist. In einer zunehmend globalisierten Welt sind Sprachen noch in anderer Hinsicht von wachsender Bedeutung für Beruf und Karriere. Das ganze Leben, die ganze Zukunft eines Menschen, kann von seiner Sprachbeherrschung abhängen. Es ist kaum vorstellbar, einen Beruf ganz ohne Sprache lernen und ausüben zu können.

So warten Eltern oft mir großer Ungeduld auf die ersten Worte ihres Kindes, um mit ihm in eine neue Ebene der Kommunikation einsteigen zu können. Mit zunehmender Sprachbeherrschung nähert sich ein Kind der Gemeinschaft an und integriert sich. Der Philosoph Wittgenstein sagt: „Die Grenzen meiner Sprache sind die Grenzen meiner Welt". Das gilt sowohl geografisch als auch geistig. Und bei der Definition des Unterschiedes von Tier und Mensch spielt ebenfalls die Sprache eine besondere Rolle. Der Mensch wird als das „Tier mit Sprache" bezeichnet. Zur Menschwerdung brauchen wir notwendigerweise andere Menschen, von denen wir die Sprache lernen. Nur so werden wir vollwertig zum Menschen und zur Person. Kaum ein anderes Tier ist so zwingend auf seine Artgenossen angewiesen wie der Mensch. Die Sprache verhilft uns zu uns selbst und zu unserer geistigen Bewusstheit und Identität.

Mit diesem kostbaren Schatz der Menschheit beschäftigt sich die Rhetorik und stellt die Frage nach der Optimierung der Sprachverwendung in der Kommunikation. Um das in ihr enthaltene Potenzial erschließen und für sich nutzen zu können, sollten Sie sich über einige grundlegende Aspekte der Sprache im Klaren sein:

Sprache ist ein geniales System von Zeichen

Die Grammatik bietet Ihnen das System der Sprache, während das Wörterbuch die Zeichen umfasst. Jedes Wort ist ein Zeichen, das sich auf ein Bezeichnetes richtet, sei es ein Gegenstand, eine Person oder eine Beziehung, eine Bewertung oder eine Funktion. Das System legt fest, auf welche Weise diese Zeichen miteinander kombiniert werden können und welche Kombinationen auszuschließen sind.

Als Menge von Zeichen unterscheidet sich die Sprache deutlich von den Gegenständen, die sie darstellt. Die Gegenstände existieren unabhängig von ihr.

Mit der Sprache ist es nun möglich, Sachverhalte, Gegenstände und Situation geistig zu repräsentieren. Man muss nicht erst zum Gegenstand hingehen und mit dem Finger darauf zeigen, sondern kann ihn durch Worte ersetzen. Insofern hat die Sprache einen hohen ökonomischen Wert und erlaubt es, auch über abwesende oder unsichtbare Dinge zu sprechen, die den aktuellen Lebens- und Erfahrungsradius überschreiten.

Manche Situationen sind sogar nur durch Sprache vollziehbar. Dazu gehören Akte wie zum Beispiel ein Versprechen. Es wird nur durch Sprache möglich. Man spricht daher von „Sprechakten".

In der Magie wird gar die Vorstellung gepflegt, man könne mit Worten, wenn sie nur fest genug mit dem Bezeichneten verbunden werden, das durch sie Bezeichnete so bewegen wie die Worte. In einem übertragenen Sinn ist das die durchaus alltägliche Praxis der Rhetorik: Wenn Sie es schaffen, mit Worten die Dinge im Kopf Ihrer Zuhörer anders zu werten und ordnen, als sie dort vorher gewertet und geordnet waren, werden diese Menschen nachher anders handeln als zuvor. Sie haben hier also einen Leitfaden praktischer Magie in der Hand.

Sprache ist ein lebendiger Prozess zum Mitgestalten

Die Sprache existiert nicht als fertiges Gebilde, sondern nur als Tätigkeit. Sie aktualisiert sich ständig neu und ist damit in dauernder Veränderung. Der jeweils neueste Duden gibt dafür immer ein ausdrucksvolles Zeugnis. Der Wortschatz verändert und erweitert sich ständig. Theoretisch könnte man eine Sprache zwar als ein fertiges und endgültiges Konstrukt entwerfen, aber insofern sich soziale und reale Bedingungen verändern, verändert sich auch die Sprache. Deshalb ist sie immer Teil des gesellschaftlichen Wandlungsprozesses und nimmt daran spiegelnd und beeinflussend teil.

Insofern kann auch ein Wörterbuch nie eine verbindliche Vorgabe für Sprecher sein, sondern ist immer nur ein die aktuelle Sprache aufschreibendes Werk von vorübergehender Gültigkeit und Autorität. Aber nicht nur gebräuchliche Worte verschwinden langsam und wechseln ihren Sinn, auch grammatikalische Regeln sind im Fluss. Unsere heutige Sprache ähnelt der von vor zweihundert Jahren noch ziemlich stark, beim Vergleich mit dem Deutsch von vor fünfhundert Jahren treten schon größere Verständnisprobleme auf, und die deutsche Sprache von vor siebenhundertfünfzig Jahren ist für uns heute kaum noch als Deutsch zu identifizieren.

Als Sprecher (oder Schreiber) können Sie selbst an diesem Prozess der Sprachgestaltung mitwirken, indem Sie neue Begrifflichkeiten schaffen und damit das Bewusstsein Ihrer Adressaten beeinflussen. Sie können in alten Formen und Floskeln reden oder kreativ in einer lebendig aktuellen Sprache. Sie werden damit in den meisten Fällen mehr Aufmerksamkeit bei Ihren Zuhörern gewinnen. Sie können durchaus versuchen, sich auch sprachlich an die Spitze von Entwicklungsprozessen zu stellen.

Sprache ist ein Beziehungs- und Kommunikationsmittel

Sprache gewinnt ihren Sinn in der Begegnung von mindestens zwei Menschen. Über Sprache treten Menschen miteinander in Beziehung. Die Sprache ist dabei eine Brücke, die beide verbindet. Die erste Ansprache erfährt ein Kind normalerweise durch seine Eltern. Dabei spielt die inhaltliche Bedeutung der Worte zunächst keine Rolle. Wichtig ist nur, dass die Eltern mit dem Kind sprechen. Säuglinge, mit denen nicht oder kaum gesprochen wird, bleiben in ihrer Entwicklung zurück oder sterben sogar. Erwachsene, mit denen niemand spricht, etwa Gefangene in Isolationshaft oder vereinsamte Menschen, verlieren oft einen Teil ihrer Identität und siechen dahin. Spricht man solche Menschen an, kann man sie manchmal wieder erwecken. In erster Linie geht es beim Miteinander-Sprechen nicht um Inhalte, sondern um den Kontakt zueinander. Sprache in diesem Sinn ist vergleichbar mit dem Gezwitscher eines Vogelschwarms: Sie ist als Mittel zur Aufrechterhaltung des Sozialkontaktes ein soziales Geräusch.

> *Mit einer Führungskraft, die sich von ihrem Chef gemobbt fühlte,* konnte ich in einem Coaching folgenden Hintergrund analysieren: Der Mitarbeiter war stolz darauf, alle Arbeit so zu erledigen, dass er seinem Chef den Rücken freihielt und der sich um nichts kümmern musste. Da er seinen Bereich erfolgreich managte, informierte er seinen Chef nur etwa zwei Mal im Jahr darüber. Der hingegen reagierte ihm gegenüber mit allerlei Zeichen von Unsicherheit und Misstrauen. Nachdem wir als Lösungsstrategie besprochen hatten, dass der Mitarbeiter mit seinem Chef eine intensivere Kommunikation pflegen solle und er ihm ab sofort regelmäßig alle zwei Wochen einen kurzen Bericht mailte, veränderte sich die Beziehung schlagartig und der Chef lobte ihn drei Monate später auf einer Versammlung öffentlich als besonders hervorragenden Mitarbeiter.

Pflegen Sie also die Kommunikation mit den Menschen, die Sie umgeben, und schaffen Sie auch für rhetorisch geplante Auftritte ein Feld der Kommunikation, der individuellen Wahrnehmung und des gegenseitigen Austauschs.

Sprache ist ein Werkzeug

Neben ihren sozialen Dimensionen besitzt die Sprache die Fähigkeit, Sachinformationen zu transportieren. Sie schafft dadurch die Möglichkeit, Wissen und Meinungen auszutauschen und sachbezogene Gespräche zu führen. Meistens wird diese Funktion als Hauptfunktion der Sprache eingeschätzt und dadurch im Verhältnis zu den anderen Funktionen überschätzt. Aber jeder hat schon unerträglich langweilige Fachvorträge erlebt, die inhaltlich genial gewesen sein mögen, bei denen man aber selbst als interessierter Zuhörer fast eingeschlafen ist. Da fehlte dann die persönliche Ansprache auf der Beziehungsebene. Man möchte eben auch gerne gemeint und unterhalten werden.

Hinsichtlich ihres Sachbezugs hat die Sprache Werkzeugcharakter, da sie es ermöglicht, Unterscheidungen zu treffen zwischen ähnlichen, aber doch unterschiedlichen Gegenständen und Sachverhalten. Das hilft sowohl bei der Kommunikation mit anderen Menschen als auch beim Umgang mit diesen Gegenständen oder Sachverhalten. Sie werden auch schon erlebt haben, dass man manche Dinge erst nach Jahren bemerkt oder erkennt, wenn sie einem erklärt werden.

In die Sprache sind auch die Erfahrungen von Generationen eingegangen und sie transportiert vielfach mit ihren Begriffen und Redensarten Denkabläufe, die sich für den Umgang mit der Welt bewährt haben. So strukturiert sie Zusammenhänge vor und vermittelt Ordnungssysteme. Eine ansonsten beängstigend komplexe Welt wird daher durch die Sprache überschaubarer und vertrauter.

Da die Zusammenhänge, die die Sprache anbietet, sich aber in der äußeren Welt nach Generationen oder in anderen Zusammenhängen anders darstellen können, als vertraute Redensarten es einem vorgaukeln, kann es auch wichtig sein, sprachlich neue Formulierungen und Zusammenhänge zu schaffen. Wenn Sie mittels Worten Gegenstände in andere Zusammenhänge bringen als zuvor, können Sie damit auch die Denkmöglichkeit neuer Kombinationen in der Realität erzeugen.

Sprache ist Heimat und Lebensraum

Die Bedeutung der Muttersprache liegt darin, dass man sich zwanglos in ihr bewegen kann und sich darin zu Hause fühlt. Entsprechend empfindet man es oft als freudiges Erlebnis, wenn man bei einem längeren Auslandsaufenthalt jemanden trifft, mit dem man wieder einmal im eigenen heimischen Dialekt reden kann. Das Sprechen in der Muttersprache vermittelt ein Gefühl der Geborgenheit und hat einen direkten Bezug zum eigenen Wohlbefinden. Zudem bedeutet der hohe Sprachdurchdringungsgrad in der eigenen Ursprache, dass man sich darin weitgehend frei bewegen kann. Unter Menschen, deren Sprache man nicht oder nur ungenügend spricht, durchdringt man deren Denken und Fühlen meistens auch nach langer Zeit noch nicht so tief, wie im Feld der eigenen Muttersprache. Das eigene Fühlen in einem fremden sprachlichen Umfeld kann sich außerdem von dem unterscheiden, wie man „zu Hause“ gefühlt hätte. Es gibt sogar Untersuchungen, die zeigen, dass man in verschiedenen Sprachen in unterschiedlichen sozialen Schichten sozialisiert sein kann und entsprechend unterschiedliche Verhaltensweisen produziert.

Was Sie mit Sprache bewirken können

Kann man die Wahrheit sagen?

Sosehr man sich auch bemüht, die Wahrheit zu sagen, es wird niemals gelingen. Die Welt ist immer noch anders, als man sie beschreiben kann. Jeder Versuch, etwas auszudrücken, mag sich um Annäherung bemühen, aber wirklich eins zu eins Realität abbilden kann die Sprache nicht. Insofern kann man sich bei allem rhetorischen Bemühen nicht wirklich auf die Sprache verlassen. Wenn jemand von seinem „Auto" spricht, hat er es zwar erwähnt, aber ein Auto ist eben nicht nur ein Auto, sondern immer konkret auch ein Auto einer bestimmten Marke, das vielleicht einen sozialen Rang repräsentiert, immer auch ein Gegenstand mit einem bestimmten Alter, einem bestimmten Zweck und einer speziellen Geschichte. Auf ethnologischer, chemischer und physikalischer Ebene hat es aber noch ganz andere Dimensionen, die alle nicht in ihrem Wahrheits- und Realitätsgehalt mit erfasst sind, wenn jemand von seinem Auto spricht. Die Sprache greift also immer zu kurz und kann allenfalls zweckorientierte Teilwahrheiten fassen. Die Sprache ist günstigstenfalls ein Mittel der Annäherung an Wahrheiten.

Die Konsequenz aus dieser Einsicht ist, dass es keine wirklichen Sachgespräche geben kann, sondern dass der relevantere Teil der Kommunikation darin liegt, Vertrauen herzustellen und auf dieser Basis miteinander tätig zu werden.

Die Gefahr der Selbsttäuschung

Durch ihre Unzulänglichkeit bezüglich der Erfassung der Realität ist die Gefahr der Selbsttäuschung groß. Wenn Sie sich auf einen Begriff wie auf eine Wahrheit fixieren, geraten Sie leicht in Gefahr, sich von der Realität zu entfernen.

Worte, die zur Bezeichnung von Gegenständen oder Sachverhalten verwendet werden, verführen leicht zu dem Irrtum, das Bezeichnete sprachlich ergriffen oder begriffen zu haben.

Nehmen wir beispielsweise ein *„altes Auto"*. Unabhängig von der eben geschilderten begrenzten Erfassbarkeit eines Gegenstandes durch die Sprache könnte dieses Auto auch mit einem anderen Wort bezeichnen, zu Beispiel: „alte Rostlaube". Wieder ein anderer erkennt, dass es sich bei dem „Haufen Blech" um einen „restaurierungsbedürftigen Oldtimer" handelt. Für einen Oldtimer-Händler hingegen ist das Ding lediglich eine „Ware", vielleicht sogar ein „Spekulationsobjekt". Für Kinder mag es eine „Hütte" oder ein „Versteck" sein, während es aus Sicht des Schrotthändlers nichts von all dem, sondern nur eine abwiegbare Menge an Eisen, Aluminium, Kunststoff etc. ist. Was ist das Ding nun wirklich und wer hat Recht? Was würde wohl ein Chemiker oder ein Atomphysiker dazu sagen? Für den Theologen wäre es vielleicht ein „Symbol der Vergänglichkeit".

Alle haben Recht, und keiner hat Recht. Keiner spricht über eine objektive Realität, jeder drückt mittels eigener Worte eine subjektive Sicht aus. Die Sprache lässt das nicht nur zu, sie kann gar nicht anders. Fallen Sie also weder auf die Worte Ihrer Partner, Gegner oder gar ihre eigenen herein. Prüfen Sie immer, was dem praktisch relevanten Realitätsaspekt am nächsten kommt, und wählen Sie Ihre Worte dafür gezielt selbst aus.

Sprache als Mittel der Täuschung

Neben der Selbsttäuschung ergibt sich aus der Wahrheitsproblematik der Sprache gleichzeitig die Möglichkeit zur gezielten Täuschung anderer. Wer einem anderen als Erster ein Wort und einen Begriff von einer Sache vermittelt, hat die größte Chance, ihn die Dinge so sehen zu lassen, wie er gern hätte, dass er sie sieht. Nutzt er das gegen den anderen zu seinem eigenen Vorteil aus, so nennt man das Manipulation. Wenn der Oldtimersammler dem Besitzer des Fahrzeugs zum Beispiel anbieten würde, den „Haufen Schrott" billig zu entsorgen, und dafür sogar noch Geld nähme, dann wäre das vermutlich in den Augen der meisten unfair und würde als Manipulation gelten. Nicht alle Formen der Täuschung gelten aber als Manipulation. Täuscht man jemanden zu dessen Vorteil – wie Eltern das manchmal bei ihren Kinder tun –, so kann man das manchmal auch als „pädagogisch geschickt" bezeichnen. Unsere kleine Tochter mag zum

Beispiel kein Gemüse. Aber Suppe isst sie gern. Sollten wir uns da etwa moralisch verpflichtet fühlen, ihr zu sagen, dass es sich um „Gemüsesuppe" handelt? Letztlich hat sie vermutlich nicht wirklich etwas gegen Gemüse, sondern vielleicht gegen eine Sorte rohes Gemüse, das ihr einmal zu hart zum Beißen war.

Erkenntnis und Aufklärung

Nimmt man dagegen den entgegengesetzten Prozess, kann man von Aufklärung sprechen:

> Wer einem Menschen sagt, dass sein vermeintlich „wertloses altes Fahrzeug" für Sammler ein „seltenes Oldtimer-Modell" ist, eröffnet ihm eine neue Sicht auf das Fahrzeug und neue Möglichkeiten, damit umzugehen.

Wenn sich scheinbar Vertrautes in einem neuen Licht zeigt, dann geht einem ein Licht auf, man hat eine Erkenntnis. Wenn einem etwas dämmert, wenn sich etwas für einen klärt, dann ist das eine Aufklärung. Bildung hat das Ziel, Erkenntnisse und Aufklärung zu vermitteln. Eine manipulative Rede wird versuchen, Erkenntnis zu verhindern und zu verdunkeln. Der Zweck jeder nicht manipulativen Rede wird dagegen sein: anderen Menschen etwas klarzumachen, ihnen etwas bewusst zu machen und aufzudecken, so dass sie es in einem anderen Licht sehen können und daraus folgend andere Handlungsoptionen gewinnen.

Überzeugen

Beim Überzeugen geht es eigentlich nie um alle Aspekte einer ganzen Wahrheit, sondern um eine Anleitung für ein situativ angemessenes Verhalten mit Realitätsbezug. Wenn Sie jemanden für etwas gewinnen wollen, hat es nicht wirklich Sinn ihn dabei über irgendwelche Aspekte absichtlich zu täuschen. Es ist weniger eine Frage der Moral sondern der Klugheit und einer längerfristigen Betrachtung: Wenn sich jemand im Nachhinein manipuliert und betrogen fühlt, zerbricht sein Vertrauen und künftige Gemeinsamkeiten werden unwahrscheinlich.

Deshalb ist es zum langfristigen Überzeugen anzuraten, seine Zuhörern aufzuklären und ihnen zu zeigen, dass etwas in dieser Hinsicht von Wert und in jener von Unwert sei.

> Auf das *alte Auto* bezogen würde das bedeuten: In der Hinsicht, dass es schon lange den Hof blockiert, ist es wertlos und ein Ärgernis und der Besitzer kann froh sein, es endlich loszuwerden. In Hinsicht auf einen Sammler hat es dagegen einen Liebhaberwert, und der Besitzer kann sich glücklich schätzen, dass ihm der Sammler das Gerät kostenlos abgeholt und ihm obendrein noch eine kleine Summe dazu gibt. Wenn dann auch der Vermittler von beiden Seiten eine angemessene Anerkennung erhält, mag man das von allen Seiten als fair betrachten.

Die Sprache ist also nicht aus sich selbst heraus aufklärend, sondern schafft sogar Bedarf an ständiger eigener Prüfung und Reflexion. Da das jeder mehr oder weniger bewusst weiß und spürt, bedeutet das für Sie als Sprecher, dass Ihre Glaubwürdigkeit steigt, wenn Sie sich als reflektierend, mehrdimensional und aufklärend erweisen.

2. Ihre Persönlichkeit als Überzeugungspotenzial

Was hat Sprechen mit Persönlichkeit zu tun?

Sprechen als Ausdruck der Persönlichkeit

Von klein auf wollen Menschen sich ausdrücken und tun es. Gleichzeitig erlebt jeder von Kindheit an aber auch immer wieder, dass sein ungehemmter Selbstausdruck vielfach unerwünscht ist. So haben wir gelernt, uns zurückzunehmen und uns oft stärker an den Wünschen unserer Umgebung zu orientieren als an unseren eigenen. Wir verlernen zu sagen, was wir wirklich wollen.

Damit ist eine wichtige Voraussetzung von Überzeugungskraft erheblich geschwächt. Die größte Kraft haben wir nämlich bei dem, womit wir uns mit Herz und Seele verbinden. Entsprechend haben die Worte die größte Glaubwürdigkeit, bei denen andere Menschen spüren, dass da jemand mit seiner ganzen Persönlichkeit hinter dem steht, was er sagt. So zu leben und zu sprechen haben wir aber kaum gelernt. Die Realität verlangt anderes von uns: Wir müssen viele Dinge tun, die wir nicht wirklich wollen, und sie sogar noch nach außen vertreten. Dabei wird unser Bewusstsein und Handeln von unseren inneren Gefühlen getrennt. Wir sind fremdbestimmt, richten uns an vermeintlichen Sachzwängen und den Interessen und Bedürfnissen der Umwelt aus, fühlen uns vielleicht schwach und depressiv – und merken vielfach nicht einmal mehr, dass wir das Bewusstsein um uns selbst – unser Selbstbewusstsein – verloren haben. Der beste Untertan ist der, der in vorauseilendem Gehorsam alle Wünsche seines Herrn schon ausführt, noch ehe der befohlen hat, und dabei glaubt, er sei seinem eigenen Impuls gefolgt.

Wenn nun in dem, was Sie von innen heraus wirklich wollen, Ihr größtes eigenes Energiepotenzial liegt, dann lohnt es sich, sich um dessen Erkenntnis zu bemühen. Aber wie findet man hinter allen Zwängen und aller Selbsttäuschung heraus, was man eigentlich selbst wirklich will?

Das folgende Modell zeigt Ihnen sieben Ebenen der Persönlichkeit. Jede davon sollte idealerweise befragt werden und in den Selbstausdruck mit einfließen.

Sieben Ausdrucksebenen der Persönlichkeit

Im Folgenden lernen Sie ein komplettes Modell dessen kennen, was mit „Persönlichkeit" gemeint ist. Es besteht aus sieben Ebenen. Jede davon drängt nach Ausdruck und wird von Ihren Zuhörern intuitiv auf Authentizität und Glaubwürdigkeit geprüft. Das Modell sollten Sie von unten beginnend lesen:

Die Ebenen der Person	Bedeutung
7. Geist	Selbstreflexion, Selbstführung
6. Vernunft	Realitätssinn
5. Intentionen	Zielausrichtung
4. Emotionen	Beziehungen
3. Charakter	Prägungen, Grundeinstellungen
2. Antriebe/Bedürfnisse	psychische Motive
1. Lebensenergie	Ur-Identität, Seele, Selbst

Basis der Persönlichkeit ist die *Lebensenergie* (1). Sie wird auch mit den Begriffen „Selbst" oder „Seele" bezeichnet und ist die innere Quelle aller Aktivität. Sie äußert sich auf der zweiten Ebene in Form der *Antriebe und Bedürfnisse* (2), die die inneren Grundmotive unseres Verhaltens sind. Sie werden sozialisiert und gesteuert durch eine Ebene von Normen, deren verinnerlichtes Gesamtsystem an Grundeinstellungen unsere *Charakterstruktur* (3) ausmacht. Im Rahmen dieser Struktur erleben wir das Spektrum unserer persönlichen *Gefühle* (4). Indem wir danach streben, uns in die äußere Realität auszudrücken und sie zu gestalten, agieren wir zunächst auf der Ebene der *Intentionen* (5) und können uns mit Hilfe der *Vernunft* (6) Wissen über die Welt aneignen und es konkret und realitätsgerecht anwenden. Auf der Ebene des *Geistes* (7) können wir Selbstbewusstsein (Bewusstsein über unser Selbst) erlangen und unser von den tieferen Ebenen her instinkthaft und sozial gesteuertes Verhalten reflektieren, und lernen, selbstbestimmt zu handeln.

All diese Ebenen drängen zur Offenbarung. Ihre unterschiedlichen Impulse können nicht nur auf jeder einzelnen Ebene sehr vielfältig sein, sie können auch konträr zueinander sein und sich auch mit Impulsen anderer Ebenen kreuzen. Diese Komplexität führt fast zwangsläufig zu inneren Zwiespälten. Neben diesen inneren Konflikten kommen dann noch die äußeren hinzu. Auch durch sie werden Teile der Gesamtenergie gebunden oder verbraucht.

Möglichst viele dieser inneren und äußeren Konflikte aufzulösen, ist nicht nur eine wichtige Voraussetzung für eine erfolgreiche Lebensbewältigung, sondern beim Sprechen zu und mit anderen Menschen wichtig für eine harmonische und glaubwürdige persönliche Ausstrahlung. Nur wenn Sie innerlich konfliktfrei sind, können Sie Ihre Kraft so bündeln, dass daraus schließlich klare und eindeutige Worte und Handlungen entstehen, die bei anderen Menschen das Gefühl auslösen, einer glaub- und vertrauenswürdigen Person zu begegnen, die meint, was sie sagt.

Glaubwürdigkeit bedeutet Einklang auf allen Ebenen

Wenn Sie das Persönlichkeitsmodell betrachten, können Sie erkennen, dass Sie in einem Überzeugungsprozess nur glaubwürdig sein können, wenn Sie auf allen Ebenen die gleiche Botschaft senden. Und als wirklich überzeugt kann ein anderer nur gelten, wenn er auf allen Ebenen empfangen und zugestimmt hat. Konkret bedeutet das: Ihre Aufgabe besteht darin,

- Ihre Zuhörer zum Nachdenken und zur Reflexion anzuregen (7. Ebene),
- sie aufzuklären und verstehen zu lassen, was Sie sagen (6. Ebene),
- Ihre Botschaft mit deren Interessen und Zielen zu verbinden (5. Ebene),
- Ihren Zuhörern ein angenehmes Gefühl dazu und dabei zu vermitteln (4. Ebene),

- das Vertrauen Ihrer Zuhörer zu gewinnen und Ihre Botschaft mit deren Grundwerten zu verknüpfen (3. Ebene),
- deren Bedürfnisse und Motive mit zu bedienen (2. Ebene) und
- deren innere Identifikation mit Ihrer Botschaft zu erreichen (1. Ebene).

Was eine überzeugende Persönlichkeit kennzeichnet

Es ist leicht gesagt, dass Überzeugungstechniken allein nicht ausreichen, um andere Menschen zu überzeugen. Was aber macht eine überzeugungsstarke Persönlichkeit aus und wie wird man dazu? Diese Frage ist anspruchsvoller und aufwändiger zu beantworten.

Der Begriff „Person"

Der Begriff „Person" stammt von dem griechischen Wort „prosopon" ab, das so viel wie „Maske" bedeutet, und zwar in dem Sinn, dass jemand, der dahinter steht, hindurchtönt. Auch das lateinische Wort „personare" bedeutet: „durchklingen".

Von innen her betrachtet ist jemand also in dem Maße „Person", wie er sein Inneres nach außen durchklingen lassen und in der Welt durchsetzen kann.

Von außen her betrachtet muss man danach fragen, wer oder was eigentlich durch ein äußeres Gesicht oder durch eine Rolle, die jemand gerade innehat, „durchtönt" und wer dieser Rolle oder diesem Gesicht seine Identität verleiht. Freundliche Masken tragen die meisten Menschen. Aber kann man dieser äußerlichen Freundlichkeit wirklich vertrauen? Erst wenn man Menschen sehr genau beobachtet oder länger kennt, kann man sich ein Urteil darüber erlauben, ob ihre vordergründige Freundlichkeit auch im Konflikt erhalten bleibt oder ob da plötzlich – nach jahrelanger Ehe gar – ein Monster hinter der Maske hervorspringt.

Die zentrale Frage lautet wohl vor allem immer: Ist das äußere Verhalten Ausdruck der inneren Identität oder eben nur eine Maske, hinter der sich jemand verbirgt?

Eine wichtiges Kennzeichen einer durch und durch authentischen Person ist demnach und nach dem schon zuvor gesagten, ob jemand mit sich selbst in Einklang und in der Lage ist, von allen Persönlichkeitsebenen dieselbe Botschaft senden zu können und darin auch über längere Zeit mit sich identisch zu bleiben. Eine solche Person wird das Vertrauen finden, das in Überzeugungsprozessen die erste Grundlage ist und bei anderen Personen entsprechende Resonanzen erzeugen können. Um zu solch einer Persönlichkeit zu werden, ist eine Optimierung der eigenen Selbstführung notwendig, und dazu gehört auch die Fähigkeit zu einer kontinuierlichen inneren und äußeren Konfliktbewältigung und Konfliktminimierung. Was alles zu einer stabilen authentischen Persönlichkeit dazugehört und wie Sie daran arbeiten können, sich immer weiter in dieser Richtung zu entwickeln, erfahren Sie in den nächsten Kapiteln.

Selbstsicherheit

Der erste Aspekt ist eine stabile innere Selbstsicherheit. Nur wenn Sie sich Ihrer selbst und Ihres Anliegens sicher sind, können Sie nach außen hin Stabilität und Kraft verkörpern.

Von Natur aus könnten alle Menschen selbstsicher sein. Wenn mehrere Personen gleichzeitig eine brenzlige Situation erleben, reagieren aber manche unsicher und mit Angst, während andere souverän und heldenhaft handeln. Sie reagieren unterschiedlich aufgrund verschiedener innerer Haltungen und Grundeinstellungen, die sie im Lauf ihres Lebens erworben oder übernommen haben.

Gefühle von Unsicherheit haben zwar häufig ihren Auslöser in einer äußeren Situation, grundsätzlicher betrachtet haben sie aber immer auch etwas mit den inneren Haltungen und Strukturen der betreffenden Person zu tun.

Genauso basiert Selbstsicherheit auf inneren Haltungen. Wer sich also sicher fühlen will, kann entweder Situationsanalyse betreiben und ihn verunsichernde Situationen zu vermeiden versuchen oder aber an sich arbeiten, damit er innerlich gewappnet ist für möglichst vielfältige Situationen – in diesem Zusammenhang insbesondere für das Sprechen vor teils skeptischen größeren Gruppen. Dieser Weg wird hier empfohlen.

Woher kommen Unsicherheitsgefühle und was drückt sich darin aus? Wie kann man diese Gefühle überwinden und die eigene Selbstsicherheit ausbauen? Fragen wir zuerst einmal, was Selbstsicherheit eigentlich ist oder sein kann:

Was ist Selbstsicherheit?

Wenn Sie die beiden Wortteile „Selbst" und „Sicherheit" betrachten und prüfen, wie sie in der Alltagssprache verwendet werden, fallen bei „Selbst" drei Varianten auf:

- Wenn das Wort „selbst" klein geschrieben als einzelnes Wort auftaucht, dann steht es nie allein, sondern wird als Verstärkung eines Personalpronomens verwendet: „ich selbst", „er selbst" ... Damit wird ausgedrückt, dass jemand persönlich und nicht austauschbar, in einer Beziehung zu etwas oder jemandem steht. Ähnliches gilt für die Wortbildung „der-, die-, dasselbe".
- Als Bestandteil von zusammengesetzten Worten kann „Selbst-" einerseits einen Eigenbezug ausdrücken wie in „Selbstbedienung" oder „Selbstlob", andererseits auch eine Verstärkung in Richtung des inneren Kerns wie zum Beispiel in den Worten „Selbsterkenntnis" oder „Selbstbewusstsein". Der Wortteil „selbst" drückt dabei aus, dass es keines weiteren, äußeren Zutuns bedarf. Ähnlich ist es auch im Wort „selbstverständlich", da geht es darum, dass etwas aus sich selbst heraus klar sei und keine äußere Verstärkung braucht.
- Weiter wird das Wort „Selbst" auch als allein stehendes Substantiv verwendet: „das Selbst". Man meint damit seinen inneren Kern in seiner Ganzheit. Wenn jemand sagt: „darin liegt ein Stück meiner Selbst", drückt er damit bereits einen hohen Identifikationsgrad aus. Seltener spricht man von seinem „Selbst", eher von „sich selbst", in ähnlicher Bedeutung.

Zusammengefasst lässt sich sagen, „das Selbst“ ist der innerste Kern einer Person, die Quelle ihrer vitalen Kraft. Von den beschriebenen Ebenen der Person her ist das die unterste, die auch mit dem Begriff „Lebensenergie“ beschrieben wurde.

Auch der zweite Wortteil „Sicherheit“ hat mehrere Bedeutungsebenen und kann dreierlei meinen:

- Ein Gerüst kann sicher (stabil) sein,
- man kann sich einer Sache sicher (gewiss) sein und
- man kann eine Nachrichtenquelle für sicher (verlässlich) halten.

Es geht also um „Stabilität“, „Gewissheit“ und „Verlässlichkeit“.

„Selbstsicherheit“ kann daher die folgenden Bedeutungen haben:

- Stabilität des eigenen Kerns,
- Gewissheit der eigenen Kraft,
- Verlässlichkeit der eigenen Kraft.

Ein selbstsicherer Mensch ist also eine Person,

- die in sich selbst und ohne äußere Stützen und Hilfen stabil ist,
- über ihre eigene Kraft genau Bescheid weiß und
- sich aus diesem Wissen heraus auf sich selbst verlassen kann.

Wenn Sie also selbstsicherer sein wollen, können Sie aus dieser Betrachtung zwei Schritte ableiten, die zu dem gewünschten Ergebnis führen:

- Sie sollten sich über Ihre innere Kraft/Lebensenergie/Selbst mehr Wissen und Gewissheit verschaffen,
- Sie sollten sie erproben, um sie als verlässlich zu erfahren.

Auf dieser Erfahrungsbasis werden Sie dann das Vertrauen gewinnen, sich auf sich selbst zu verlassen.

Wie Sie die Kraft Ihres Selbst aktivieren können

Zu den Mitteln äußerer Sicherheit zählen Redensarten, Höflichkeitsfloskeln, auswendig gelernte Formulierungen, Konventionen, Uniformen,

Titel und Positionen. Je schwächer ein Mensch sich innerlich fühlt, desto mehr Wert wird er auf eine Häufung solcher äußeren Absicherungen legen.

Selbstsicherheit im Sinne einer inneren „Selbst-Gewissheit" vertraut dagegen auf eigene Kraft und Stärke und braucht wenig von den äußeren Mitteln.

Bei einem Kind, das tobt und einen Purzelbaum schlägt, fließt die Lebensenergie noch einigermaßen frei. Bei den meisten Erwachsenen hingegen ist sie durch ein Erziehungssystem mit Ge- und Verboten in ein Kanalsystem eingezwängt oder aufgestaut. Die meisten Menschen haben gelernt, ihrer eigenen Kraft mehr zu misstrauen als zu vertrauen: Sexualität und Aggressivität als Urformen der eigenen Energie sind oft tabuisiert und unterdrückt worden. Spontaneität gilt oft eher als suspekt und disziplinlos, und selbst Begeisterung wird oft als Kopflosigkeit abgetan. Dabei liegt in all dem die Kraft zu großen Leistungen.

Manche alten Erziehungsgrundsätze behaupteten, man werde stark, indem man mit „Selbstlosigkeit", „Geradlinigkeit", „Selbstdisziplin" und „Fleiß" gegen sich selbst ankämpfe. Das sind bestimmt keine Methoden, die zu einer persönlichen Selbstverwirklichung führen und mit denen man persönliches Charisma gewinnen kann. Die Grundlage einer authentischen Selbstsicherheit, von persönlicher Stärke und echtem Charisma liegt darin, seiner inneren Kraft immer mehr zu vertrauen, sie fließen zu lassen und sie sinnvoll zu lenken.

Ein alter Menschheitstext sagt über diese Kraft:

> *Tief in uns selbst ist himmlische Kraft.*
> *Sie ist gut und vollkommen.*
> *Sie soll herauskommen*
> *und sich in uns und außerhalb von uns verwirklichen.*
> *Jeden Tag soll sie uns nähren*
> *und uns gegen alle inneren und äußeren Zwänge helfen,*
> *Sie soll uns vor aller Verkrampfung schützen*
> *und von allem Ballast befreien,*
> *damit wir Reichtum, Kraft und Freude erlangen*
> *für immer.*

Wenn Sie diesen Text ernst nehmen – er stammt übrigens von Jesus und ist in einer anderen allerdings missverständlichen und teilweise sogar falschen Übersetzung als „Vater Unser" bekannt – und als positive Suggestion in der Ich-Form verwenden, kann er Ihr Selbstvertrauen und Ihre Selbstsicherheit erheblich steigern. Die sich dabei entfaltende Wirkung wird alle Kommunikationspartner beeinflussen: Die Begegnungen werden echter, konstruktiver, und es entstehen mehr vertrauensvolle Beziehungen.

Voraussetzungen für Selbstsicherheit

Da jeder Mensch ein „Selbst" in sich hat, ist Selbstsicherheit nicht nur etwas, das aktiv aufgebaut oder hergestellt werden muss, sondern vor allem etwas, das freigelegt werden muss. Vielfach ist das Selbst unter den tausend Erfordernissen des Alltags verschüttet oder im Unterbewusstsein eingesperrt worden. Dann muss es wieder entdeckt, freigelegt und von Blockaden befreit werden.

Im Folgenden erfahren Sie verschiedene Methoden, wie Sie daran aktiv arbeiten können, die Voraussetzungen für mehr Selbstsicherheit zu schaffen.

Inneres und äußeres Gleichgewicht schaffen

Der erste Ansatz ist ein Weg, körperliche Anspannungen, die im Lauf der Jahre zu Blockaden geworden sind, über rein körperliche Übungen zu lösen. Mit einem anderen, positiveren Körpergefühl können Sie zugleich Ihr Lebensgefühl und die Selbstsicherheit Ihres Auftretens steigern.

Diese Methode basiert auf der Beobachtung, dass sich die innere geistig-seelische Haltung eines Menschen auf seine äußere Haltung und das Erscheinungsbild seines Körpers auswirkt.

> *Wer Angst hat, dem wird man das auch in seiner Haltung und seinem Gesichtsausdruck ansehen.*

Während eine Psychotherapie versuchen würde, die inneren Haltungen zu verändern, arbeitet dieser Ansatz rein körperlich und versucht eine körperliche Grundhaltung herzustellen, die einer Wohlfühlhaltung entspricht und Wohlbefinden erzeugt.

> *Wer sich stabil hinstellt, wird sich körperlich stabil fühlen und schafft damit die Voraussetzung, um sich auch innerlich stabiler zu fühlen.*

Es gilt also, Ihren Körper in einer stabilen Haltung aufzubauen. Übungen dafür sind nicht nur seit Jahrhunderten beim Militär und in der Rhetorik gebräuchlich, sondern auch in meditativen Praktiken sowie als Vorübung asiatischer Kampfsportarten.

Den höchsten Grad an Entspannung kann Ihr Körper in einer Haltung des Gleichgewichtes gewinnen. Voraussetzung dazu ist es, auf sein Knochengerüst zurückzugreifen und dessen innere Stabilität zu nutzen. In einer ideal entspannten aufrechten Haltung brauchen Sie kaum Muskeln anzuspannen. Über die mit Sehnen in den Gelenken verbundenen Knochen kann das Gewicht auf den Boden abgeleitet werden. Sehnen und Bindegewebe sind ausreichend, um das Knochengerüst bei einem vorausgesetzten Gleichgewichtszustand in einer stabilen aufrechten Haltung zu bewahren. Ein ideal entspannt stehender Mensch braucht angeblich zur aufrechten Haltung nur 18 Prozent seiner Energie. Von einigen buddhistischen Zen-Mönchen wird berichtet, dass sie nach jahrelanger Übung so im Gleichgewicht sind, dass sie im Stehen schlafen können.

Wenn Sie dagegen den Versuch machen, sich in einer ungleichgewichtigen Haltung – etwa mit 90 Grad vorgebeugtem Oberkörper oder leicht angewinkelten Knien – hinzustellen, werden Sie merken, dass Sie nach einigen Minuten am Ende Ihrer Kraft sind, also Ihre gesamte Kraft dafür brauchen.

Nun gibt es viele Zwischenstufen der Anspannung. Sie können sie bei anderen Personen oder auch im Spiegel bei sich selbst beobachten. Viele Menschen haben chronisch hochgezogene Schultern oder tragen ihren Kopf leicht vorgebeugt. Mancher, der einen dicken Bauch hat, muss mit mühevoller Anspannung seiner Rückenmuskulatur das Gleichgewicht zu halten versuchen. Kaum jemand ist im idealen Gleichgewicht und so könnte fast jeder mehr freie Energie für sich zur Verfügung haben, wenn es ihm gelänge, mehr Gleichgewicht in seine Haltung zu bringen.

Eine stabile gleichgewichtige Körperhaltung können Sie am besten von unten nach oben aufbauen. Wenn beide Füße eng nebeneinander stehen, steht man instabil und kann leicht aus dem Gleichgewicht kommen. Wenn Sie hingegen Ihre Füße parallel im Abstand von ungefähr 50 Zentimetern nebeneinander stellen, finden Sie darin die Grundlage für eine pyramidenhafte Standfestigkeit. Um dann das Körpergewicht auf die gesamte Fußsohle gleichermaßen zu verteilen, sollten Sie mit Ihrem Körper in alle Richtungen hin und her pendeln und eine Haltung zu finden versuchen, bei der Sie sich im Gleichgewicht befinden. Dazu können Sie auch Ihren Kopf, Ihren Oberkörper und Ihr Becken biegen und drehen und die Hauptsegmente Ihres Körpers lockern und frei aufeinander stapeln. Wenn Sie dabei noch zunehmend fest mit den Füßen abwechselnd auf den Boden stampfen, können Sie das Gewicht Ihres Körpers spüren und seine Last auf die Erde ablegen. Wenn Sie dann wieder zur Ruhe kommen, können Sie mit geschlossenen Augen Ihr entspanntes Gleichgewicht prüfen und vielleicht noch durch leichtes Pendeln weiter austarieren und optimieren.

Damit haben Sie die erste Etappe zu äußerer körperlicher Stabilität zurückgelegt, jetzt können Sie sich mit dem nächsten Schritt den Weg zu mehr innerer Gelassenheit und Entspannung eröffnen.

Wenn Sie gerade stehen, können Sie anfangen, sich an Ihrem Knochengerüst hängenzulassen und loszulassen. Dafür konzentrieren Sie sich am besten auf einen bestimmten Körperteil und versuchen, ihn etwas lockerer zu lassen. Sie können mit den Augenlidern beginnen und dann langsam fortfahren über die Wangen, die Kiefermuskulatur, den Nacken, die Kehle, die Schultern, die Arme, die Hände, die Finger, den Bauch, die Gesäßbacken, die Knie, die Füße, und dann die inneren Muskeln und Organe: das Zwerchfell, das Herz, den Magen, die Galle, den Darm ..., vielleicht genau das, was Ihnen zuletzt wehgetan hat oder am häufigsten weh tut. Bei jeden Körperteil sagen Sie sich: Loslassen!

Wenn Sie so Ihren Körper durchgegangen sind, können Sie innehalten und auf Ihren Atem achten, wie er ein- und ausströmt. Ohne dass Sie vielleicht etwas hinzutun müssen, atmet es einfach in Ihnen. Atmen Sie so tief wie möglich aus, und warten Sie, bis Ihr Körper sich wieder von selbst neue Luft holt. Wenn Sie darauf achten, wie der Atem in Sie einströmt, werden Sie vermutlich spüren, wie er bis tief in Ihren Bauch, ja in Ihren ganzen Körper eindringt und Sie lebendig sein lässt. Sie können sich dem Atem solange überlassen, wie Sie wollen, und dann die Übung beenden.

Vermutlich werden Sie sich leichter oder schwerer fühlen, Sie werden Ihren Körper wahrscheinlich als angenehm warm empfinden und Sie werden sich wohlfühlen. Vielleicht spüren Sie aber auch, dass ein paar Stellen Ihres Körpers verspannt sind. Sie werden nach dieser Übung eine höhere Sensibilität für sich selbst haben und sich ein Stück näher sein als zuvor. Mit der durch diese Übung gewonnenen körperlichen und geistigen Haltung können Sie stabiler, ausgeglichener und gelassener in schwierige (z. B. rhetorische) Situationen hineingehen und sie mit größerer innerer Stärke bewältigen.

Entspannen

Mit dem nun folgenden Ansatz, sich besser und systematischer zu entspannen, können Sie ebenfalls die Voraussetzungen dafür verbessern, Ihrem inneren Wesen, dem Selbst, mehr Raum zu verschaffen. Wenn es eben mehr um den inneren Raum ging, dann geht es hier um den äußeren. Auch im Äußeren braucht es Freiräume, damit das Innere auftauchen, sich in die ganze Persönlichkeit hinein entfalten und den ganzen Menschen mit seiner Kraft erfüllen kann. Das einzige, was es dazu braucht, ist Ruhe, Entspannung und Freiraum.

Wenn Sie sich überlegen, wie oft Sie dazu Gelegenheit haben, nur und einzig bei sich selbst zu sein, müssen Sie vermutlich zugeben, dass das äußerst selten der Fall ist. Selbst der Urlaub, der gerade zu Muße und Entspannung Gelegenheit geben könnte, ist teilweise mit Verrichtungen gefüllt, zu denen man sonst nicht kommt: Die Steuererklärung muss erledigt werden, die Garage muss aufgeräumt und von innen gestrichen werden ...

Für Freizeit, die nicht mit anderen Dingen gefüllt ist, gibt es das alte Wort „Muße“. Damit ist ursprünglich die Zeit gemeint, in der man den Notwendigkeiten und den Sorgen des Alltags enthoben ist. Das griechische Wort dafür ist „scholé", woraus sich unser deutsches Wort „Schule“

ableitet. Dort sollte eigentlich Zeit sein, sich in Ruhe Gedanken zu machen und sich selbst zu finden. Dass unsere Schulen alles andere als das veranstalten, braucht kaum erwähnt zu werden.

Was hier gemeint ist, ist also, sich Zeiträume zu verschaffen, in denen Sie nur bei sich selbst sind und sich in aller Gelassenheit nur mit dem beschäftigen, was für Sie, Ihr eigenes Leben, Ihre persönliche Entwicklung oder für sich selbst wesentlich ist.

Eine so verstandene Mußezeit dient der Entwicklung von innerer Klarheit und Selbstsicherheit. Sie ist das Gegenstück zu Aktionismus. Vielleicht können Sie für sich solche Zeiträume, in denen Sie sich von den zehntausend Dingen des Alltags auf sich selbst zurückziehen, regelmäßig einplanen. Fragen Sie sich einmal, wie oft Sie einen ganzen Tag mit sich allein verbracht haben, ohne etwas Ablenkendes zu tun. Wie oft haben Sie einen Tag lang mit sich selbst geredet und sich dabei auch zugehört? Wie lange würden Sie es mit sich alleine aushalten?

Vielleicht versuchen Sie es einfach einmal, mit sich allein zu sein und Ihre Gedanken laufen zu lassen und sie zu beobachten. Vermutlich dauert es eine Weile, bis die Pflicht- und Müssen-Impulse aufhören. Danach kommen dann oft die wesentlichen Gedanken.

Vielen Menschen bekommen ihre guten Ideen und kreativen Einfälle unter der Dusche oder auf der Toilette. Das ist nicht weiter verwunderlich, denn für viele ist das die einzige Zeit, in der sie frei von Leistungsdruck bei sich selbst sein können. Dann ist genau das eine (rudimentäre) Form der Muße.

Viele Erkrankungen hängen damit zusammen, dass der Stress (d. h. der Druck des Dringenden) oft über Jahre nicht ausgeglichen worden ist. Wer über lange Zeit stets von sich selbst weg nach außen hin agiert, kann durch körperliche Leiden zu sich selbst zurück gezwungen werden. Muße ist in dem Sinn auch eine Vorbeugung gegen Krankheiten.

Die Haltung der Muße wird in unserer Gesellschaft wenig gefördert. Sie scheint mit dem Leistungsideal im Widerspruch zu stehen. In Wirklichkeit ist die Fähigkeit zur Muße ein Mittel zur Verarbeitung der einströmenden Erlebnisse und zur Entfaltung der eigenen Person.

Wenn Sie versuchen wollen, Ihre eigene Form der Muße zu finden, dann fängt das damit an, dass Sie sich ohne Schuldgefühle Zeit für sich selbst nehmen.

Ängste abbauen

Was die freie Entfaltung des Selbst außerdem hemmt, sind Ängste. In ihnen drückt sich eine psychische Enge aus, der körperlich das Zusammenziehen des Organismus entspricht. Angst kann situativ auftreten, aber auch Teil einer dauerhaften Charakterstruktur sein. Für die Lebensenergie bzw. das Selbst bedeutet Angst, dass ihre Impulse nur schwerer ins Bewusstsein aufsteigen können. Daher ist der Abbau von Ängsten oder Angstanfälligkeit eine wichtige Aufgabe der Selbstführung und eine unverzichtbare Voraussetzung, um als Person und Sprecher schließlich auch anderen Menschen Sicherheit vermitteln zu können.

Viele Ängste sind im Lauf des Lebens daraus entstanden, dass man konditioniert wurde, negative Reaktionen der Umwelt zu vermeiden, um sich nicht schuldig und minderwertig fühlen zu müssen. Man bemüht sich entsprechend um eine positive Selbstdarstellung. Je intensiver man das aber betreibt, desto größer wird auf der anderen Seite wieder die Unsicherheit, ob man wirklich so gut ist, wie man sich nach außen zeigt, und ob man das positive Verhalten auch durchhalten kann. Es ergibt sich also gewissermaßen ein Teufelskreis.

Das Problem liegt oft weniger in der Gefahr von negativen Reaktionen der Umwelt, die häufig toleranter ist, als man erwartet, sondern darin, dass man sich selbst nicht in der Lage fühlt, mit eventuellen negativen Reaktionen konstruktiv umzugehen, und deshalb Angst bekommt.

> *Wenn jemand sich beispielsweise über Sie aufregt,* könnte bei Ihnen folgendes Verhaltensmuster ablaufen: Sie fühlen sich schuldig, und zwar nicht, weil Sie schuldig sind, sondern einfach, weil jemand brüllt. Sie bemühen sich, den Anderen zu beruhigen. Je weniger der sich aber beruhigt, desto schuldiger, schlechter und unsicherer fühlen Sie sich. Warum? Weil es eben nicht sein darf, dass sich jemand über Sie aufregt. Und wieder: Warum nicht? Weil das Ablehnung bedeutet.

Und was wäre so schlimm daran? Nun, wenn man abgelehnt wird, so hat man gelernt, muss man sich selbst für schlecht halten. Und was wäre schlimm daran, selbst schlecht zu sein? Weil man gut, liebenswert und positiv zu anderen sein soll und sich selbst nicht lieben darf, wenn man es nicht ist.

Es fällt auf, dass all diese Gedanken auf irgendein „Sollen", das in der Erziehung gesetzt wurde, zurückgehen. Für eine erwachsene Person ist es möglich, sich selbst ihre Maßstäbe zu setzen und sich von alten Sollens-Sätzen zu befreien. Sie können sich also das Recht zugestehen, sich auch dann zu mögen, wenn Sie von anderen abgelehnt werden.

Eigentlich ist klar, dass es völlig unsinnig ist, allen Ansprüchen entsprechen zu wollen. Die Ansprüche der Mitwelt sind so unterschiedlich und gegensätzlich, dass es unmöglich ist, sie alle zu befriedigen. Es ist also für das eigene Lebensglück notwendig, auch mit der Ablehnung anderer Menschen gut leben zu können.

Nur solange Sie Ablehnung zu vermeiden suchen, haben Sie ein Problem. Wenn Sie sich zugestehen, auch abgelehnt zu werden, ohne sich selbst deshalb für schlecht zu halten, brauchen Sie keine Angst mehr zu haben.

Ein weiterer Lösungsansatz ist technisch gesprochen ganz einfach: Immer wenn Sie vor etwas Angst haben und sich unsicher fühlen, können Sie sich ausmalen, was das Schlimmste wäre, das Ihnen passieren könnte. Wenn Sie sich dann damit entweder anfreunden oder eine Lösung dafür ausdenken, wie Sie damit leben oder umgehen würden, dann ist die Angst fort oder mindestens verringert und Sie gewinnen wieder Auftrieb in Ihrer persönlichen Sicherheit.

Wenn Sie etwa aus Sorge vor einer Kündigung nicht schlafen können, überlegen Sie sich, was Sie durch eine Kündigung gewinnen könnten: Zeit für die Familie, Gelegenheit zu einer besonderen Reise, ein unverhofftes Sabbatjahr, den Anstoß sich endlich einmal anderswo zu bewerben, wie Sie es eigentlich schon seit drei Jahren erwogen aber nicht vollzogen haben. Wenn Sie jetzt noch immer nicht schlafen können, dann vermutlich aus Begeisterung über die vielen guten Ideen. Das ist dann die ideale Einstellung, um sie im nächsten Bewerbungsgespräch rhetorisch wirkungsvoll zu vertreten und damit erfolgreich zu sein.

Positive Orientierung

Im Gegensatz zu Ängsten gibt es auch Gefühle, die sich in einer gedämpften Lebensstimmung äußern. Sie können sich als wiederkehrende Stimmungen von Mutlosigkeit, Initiativlosigkeit, Niedergeschlagenheit, Gefühle der Traurigkeit, Sinnlosigkeit, eines chronischen Mangels oder einer persönlichen Wertlosigkeit äußern. Es handelt sich dabei oft um Ausdrucksformen von Minderwertigkeitsgefühlen.

Auch an dieser Stelle kann und muss man gegebenenfalls ansetzen, um die Dämpfung und Schwächung der Gesamtpersönlichkeit aufzuheben und dem grundsätzlich positiven Lebensgefühl des Selbst Raum zu schaffen.

Minderwertigkeitsgefühle nähren sich oft aus dem Vergleich mit anderen, vermeintlich erfolgreicheren und glücklicheren Menschen. Man kann mit solchen Scheinlegitimationen echte Teufelskreise herstellen:

Wenn man sich etwa als Redner trotz bester Vorbereitung fachlich oder rhetorisch für schwächer als seine Zuhörer einschätzt, braucht man eigentlich gar nicht anzufangen zu reden. Man kommt aus den Startlöchern nicht heraus und sendet im ungünstigen Fall so viele Zeichen der Unsicherheit aus, dass man Angreifer und Profilneurotiker geradezu anlockt und zu Angriffen aktiviert. Damit hätte man dann wieder die Bestätigung für die eigene Unfähigkeit eine solche Situation zu bewältigen und stürzt noch tiefer in die Verzweiflung.

Minderwertigkeitsgefühle entspringen nicht realistischen Einschätzungen einer Situation, sondern sind meistens sehr früh in der eigenen Biografie erworben worden. Oft werden sie schon von den Eltern auf die Kinder übertragen und tauchen dann später bei unterschiedlichen Anlässen immer wieder auf.

> *Eine ängstliche Mutter wird eher ein ängstliches Kind haben.* Ein Vater, der sich minderwertig fühlt, ist kein Vorbild für Lebensmut. Für sein Kind sind dadurch die Gefühle von Schwäche von Anfang an so vertraut, dass es sie nicht als ungewöhnlich oder unpassend, sondern als normal empfindet und übernimmt.

Bei solchen alten Gefühlen kann ein Blick zurück hilfreich sein. Gegebenenfalls ist noch eine aktive emotionale Abnabelung von einer schwächenden Bezugsperson erforderlich sowie die Suche nach tauglicheren anderen Vorbildern. Wenn eine Frau eine schwache Mutter hatte, hilft ihr oft die Orientierung an einer starken Großmutter, analog wenn ein Vater schwach war oder gefehlt hat, hilft einem Sohn oft die Orientierung an einem starken Großvater. Auch geeignete Onkel, Tanten, Paten, Lehrer, Vorgesetzte oder sonstige „ideale“ Gestalten können Orientierung geben und Maßstäbe bieten für die eigene Entwicklung.

Bei später erlebten Misserfolgen reicht es oft, einmal eine Lebensglück- und Lebenserfolgbilanz zu erstellen und sich eine zeitlang regelmäßig diese Bilanz bewusst zu machen. Darüber hinaus kann man dann vielleicht sogar täglich eine Tageserfolgsbilanz hinzufügen und sich dabei üben, positiv zu denken.

Konzentration auf das Wesentliche

Eine weitere Möglichkeit, wie Sie sich von belastendem Stress, von verunsichernden Selbstzweifeln und Sorgen befreien können, liegt darin, die Dinge in die richtige und angemessene Relation zu setzen. Psychologisch sind wir meist geneigt, das aktuell Erlebte, das unsere Sinne gefangen nimmt, für wichtig zu halten oder uns vom äußeren Schein täuschen zu lassen:

> *Die Anfrage* nach einem Produkt im Wert von 100.000 Euro ist auf einen *gleich großen Briefbogen* geschrieben wie die Reklamation wegen fünf Euro. Selten aber würde wohl wegen der Produktanfrage ein zwanzigtausendfach höherer Beantwortungsaufwand getrieben als für die Reklamation.

Die folgende Technik kann Ihnen helfen, durch eine gezielte Veränderung Ihrer Blickperspektive schnell das Wichtige vom Unwichtigen unterscheiden und dann Ihre Kraft voll auf das Wesentliche konzentrieren.

Den tatsächlichen Wert einer Angelegenheit können Sie sich verdeutlichen, indem Sie sie einmal aus einer größeren räumlich und einmal aus einer größeren zeitlichen Distanz betrachten. Sie werden unmittelbar empfinden, was wichtig und wertvoll bleibt und was nicht:

> Räumlich: Stellen Sie sich vor, Ihr Kind hat eines Ihrer liebsten Weingläser beschädigt. Sie regen sich darüber auf und schlagen es. Stellen Sie sich dann vor, Sie fliegen in einem Flugzeug über Ihre Stadt und wissen, dass sich da unten in einem Haus ein Mensch über einen Sprung in seinem Weinglas aufregt und deshalb sein Kind schlägt. Der Sprung im Weinglas wird Ihnen vermutlich geringfügig und die Aufregung darüber lächerlich und unangemessen vorkommen. Die Tatsache hingegen, dass deshalb jemand sein Kind schlägt, würden Sie vermutlich auch noch vom Mond aus betrachtet schlimm finden.
>
> Zeitlich: Betrachten Sie nun die gleiche Situation aus dem Abstand von 20 Jahren. Die Weingläser sind mittlerweile sowieso alle zerbrochen oder ausrangiert, aber die Beziehung zum Kind ist nach mehreren solchen Erlebnissen gestört. Und schauen Sie einmal aus 100 Jahren: Da sind noch mehr Weingläser in Scherben und kein Beteiligter lebt mehr. Dennoch erscheint es nicht gleichgültig, ob die Menschen, die damals gelebt haben, liebevoll miteinander umgegangen sind und ob sie ein glückliches Leben gelebt haben.

Genauso können Sie aus räumlicher und zeitlicher Entfernung einmal überprüfen, was von Ihren Tätigkeiten der vergangenen Woche wirklich wichtig war. Vermutlich werden Sie merken, wie sich die Gewichte verschieben: Die so dringende Steuererklärung und die Präsentation Ihrer monatlichen Abteilungsergebnisse erscheint neben dem Abend, an dem Sie Ihre dreijährige Tochter liebevoll ins Bett gebracht und ihr eine Geschichte erzählt haben, als völlig nebensächlich und unwichtig. Das Lächeln Ihres Töchterleins erweist sich plötzlich – und eigentlich haben Sie das ja immer schon gewusst – als das Wichtigste auf der Welt.

Wenn Sie regelmäßig solche Unterscheidungen zwischen dem *Dringenden*, das einen oft lautstark bedrängt, und dem *Wichtigen*, das oft ganz leise ist und selten akut dringend wird, vollziehen, verschaffen Sie sich Klarheit über Ihre wirklichen Lebenswerte. Das Wichtige kommt oft zu kurz oder wird oft zu spät erkannt: Wenn ein Kind von zu Hause ausreißt oder Drogen nimmt, wenn ein Partner plötzlich und für den anderen unerwartet geht, wenn sich ein Familienmitglied oder ein Kollege das Leben nimmt, dann mag sich vorher lange nichts Dringendes ereignet haben, aber es wurde wohl manches Wichtige versäumt.

Das Gleiche können Sie auch auf Ihr ganzes Leben bezogen einmal überprüfen. Was ist da wirklich wichtig und was ist nur bedrängend-dringender Ballast? Erklären Sie das Wesentliche zur A-Priorität und geben ihm trotz allem anderen täglich den Vorrang und seinen Raum. Prüfen Sie ebenfalls hinsichtlich Ihrer Reden und Präsentationen, was Nebensache und was Hauptsache ist, und konzentrieren Sie sich dann auf das Wesentliche. Dann wissen Sie immer, was wirklich wert ist, gesagt zu werden, und treten entsprechend selbstsicher auf.

Ballast abwerfen

Die Kennzeichen des Lebendigen lassen sich in drei Worten zusammenfassen: „Aufnehmen, integrieren, loslassen“. Das gilt genauso wie für: „Essen, verdauen und ausscheiden“ auch für „Lernen, anwenden und lehren“. Es handelt sich dabei um fließende Transformationsprozesse. Ist der körperliche oder psychische Fluss eines Menschen gestört, wird er krank. Stress und Anspannung verengen die Bahnen des Flusses und können bei chronischer oder akuter Überspannung den Fluss blockieren.

Um den Fluss der Lebensenergie in sich selbst zu fördern und Stockungen und Stauungen zu verhindern und zu überwinden, gibt es verschiedene Möglichkeiten, etwas loszulassen. Jede, die Ihnen auf sinnvolle Weise hilft, Ihre Person und Ihr Leben von überflüssigem Ballast zu befreien, sich zu reinigen und sich durch Loslassen zu entspannen, ist zu begrüßen.

Wenn man bei der Verdauung Verstopfung hat, hilft es kaum, oben noch mehr Nahrung hereinzustopfen, damit es unten besser durchgeht. Wohl aber kann ein Abführmittel helfen. Gleichzeitig fastet man am besten eine Zeitlang.

Wenn Sie das auf den psychischen Bereich übertragen, bedeutet „Fasten" keine neuen Aufgaben zu übernehmen, sich vor neuen Anforderungen zu schützen und sie ohne Schuldgefühle abzuweisen und außerdem alte Aufgaben abzugeben.

„Abführmitteln" entspricht das aktive Auflösen und Verlassen von Situationen, die uns blockieren. Nach vielen vergeblichen Versuchen, den gordischen Knoten aufzuknüpfen, gelang die Lösung schließlich nur durch einen Schwerthieb. Manchmal ist die Trennung von unauflösbaren Situationen oder dauerhaft frustrierenden Beziehungen oder auch das Einstellen von erfolglosen Projekten die beste Lösung. Manchmal muss man auch das Abgelebte als Sperrmüll entrümpeln um Platz für Neues im Leben zu schaffen, das dann eine neue Vitalität entfaltet.

Viele bedeutungslose Dinge oder Projekte sind sehr aufwändig. Man zahlt oft einen hohen Preis, wenn man sie mit Loyalität, Fleiß, Pflichtbewusstsein oder einem vermeintlich heldenhaften Durchhaltewillen betreibt. Gesünder und konstruktiver wäre es in vielen Fällen, sie loszulassen und wie das Wasser einen leichteren Weg zu suchen.

In zwischenmenschlichen Beziehungen ist „Verzeihen" die primäre Form des Loslassens. Trennung die sekundäre. Trennung ohne Verzeihung ist allerdings keine vollständige Form des Loslassens.

Auch in der Beziehung zu sich selbst ist es wichtig, sich verzeihen zu können. Das ist eine Voraussetzung, um neuen Ideen, Personen und Situationen Raum geben zu können.

Eine weitere Möglichkeit, Loslassen zu praktizieren, besteht darin, sich von Gegenständen aus Ihrer Wohnung oder Ihrem Büro zu trennen. Wenn Sie sich bewusst machen, dass alle Gegenstände in den Räumen um Sie herum symbolisch für etwas stehen, und Gedanken, Wünsche, Erinnerungen, Forderungen, Pflichten repräsentieren, können Sie einmal prüfen, womit Sie sich wirklich noch in einem positiven Sinn identifizieren. Es gibt Geschenke, die einen schon seit Jahren ärgern und die doch noch in der Wohnung sind. Andere Sachen, die längst nichts mehr bedeuten, also eigentlich „tot“ sind, stehen auch noch da. All das nimmt materiellen und geistigen Lebensraum in Anspruch. Genauso sind die seit Jahren unbenutzten Sachen in Keller, Speicher oder Kleiderschrank Ballast und kosten Freiraum, auch geistigen. Wie viele neue, lebendige Ideen, die zu Ihrer jetzigen Lebensphase gehören, und wie viel damit verbundene Lebensfreude haben Sie vielleicht schon gewaltsam mit dem Argument abgetötet: Dafür habe ich keinen Platz. So erstickt man schließlich seine Lebensfreude im Mief von altem Krempel. Prüfen Sie darum einmal, was von den Dingen um sie herum noch „lebendig“ und was schon „tot“ ist und entfernen Sie alles „tote“ aus Ihrem Umfeld.

Alles hat seine Zeit, auch Dinge. Nur leider verschwinden sie nicht von allein. Man muss sie aktiv beiseiteräumen und sich gegen sie (deshalb heißen sie ja auch *„Gegenstände“*) immer wieder Freiraum für neue Impulse oder Bedürfnisse erkämpfen. Wenn Sie ein Fach in einem Regal leer räumen, so werden Sie überrascht sein, wie schnell es wieder voll ist. Sie können immerhin hoffen, dass das, was dann dort steht, mit Ihnen „lebendig“ ist – bis auch seine Zeit wieder vorüber ist. Auch Feng-Shui arbeitet an der Reinigung und Klärung von materiellen und geistigen Lebensräumen indem es gegen das Gerümpel des Alltags vorgeht.

Sie können sich also von vielem befreien, indem Sie Loslassen üben, und materielle Gegenstände, die ihr Umfeld einengen, beseitigen. Das Gleiche gilt für Personen. Checken Sie einmal Ihr Adressbuch, wen Sie da löschen können und tun Sie es. Sie können davon ausgehen, dass alle äußeren Lösungen zugleich innerpsychisch wirken und seelische Spannungen auflösen helfen.

Verbundenheit mit der eigenen Mitte

Die bisherigen Schritte haben Voraussetzungen geschaffen. Auf dieser Basis folgen nun die nächsten zur Ausbildung der eigenen Persönlichkeit. Es geht nicht nur darum, die eigene Lebensenergie beziehungsweise das eigene Selbst schätzen zu lernen, Freiräume für dafür zu schaffen und Hemmungen abzubauen, um die innere Quelle freizulegen. Zugleich ist es notwendig sich fest mit ihr als der eigenen Wesensmitte zu verbinden und dann aus dieser Mitte heraus nach außen zu handeln.

Das innere Wesen

Wer in seiner Mitte ruht und aus dieser Ruhe heraus handelt, wird das gelassen und sicher tun. In der Ruhe der Mitte liegt die Kraft. Selbst wer auf einer rotierenden Scheibe in der Mitte steht, hat nichts zu befürchten. Wer dagegen auf einer rotierenden Scheibe die Mitte verliert, läuft Gefahr von der Scheibe geschleudert zu werden. Sie sehen, wie wichtig es ist, „gemittet" zu bleiben.

Die zentralen Fragen, die Sie in Ihre eigene Mitte führen, sind: „Wer bin ich?" oder: „Wer bin ich selbst eigentlich wirklich?" Antworten darauf mögen im Denken und Schreiben ansatzweise formulierbar sein, aber noch bedeutsamer als eine Formulierung ist die Erfahrung der persönlichen Mitte. Dem deutschen Wort „Mittung" entspricht im Lateinischen das Wort „Meditation".

Wenn Sie meditieren als eine Versenkung nach innen verstehen und dabei Ihre innere Mitte erfahren können, gewinnen Sie einen direkten Zugang zu sich selbst. Viele Meister der Meditation beschreiben die innere Erfahrung als Begegnung mit einem „inneren" oder „göttlichen" Licht. Selbsterfahrung wird dabei zur Glücks- und Gotteserfahrung, Selbstsicherheit bedeutet dann Gewissheit einer inneren Verbundenheit mit universeller, göttlicher Kraft, Selbstvertrauen entspricht dann Gottvertrauen.

Der christliche Philosoph und Kirchenvater *Augustinus* (354-430) schreibt: „Gehe nicht nach außen sondern geh in Dich selbst geh zurück. Im Inneren wohnt die Wahrheit". Das, was er dort findet, nennt er: „Du bist das Leben der Seelen, das Leben allen Lebens", und: „Du bist innerlicher als mein Innerstes und höher als mein Höchstes."

Der Mystiker *Johannes Tauler* (1300-1361), ein Schüler Meister Eckharts, sagt: „Der Mensch hat zweierlei Augen: auswendige und inwendige Augen. ... Wie kann nun die edle Vernunft, das inwendige Auge, so erbärmlich verblendet sein, dass es das wahre Licht nicht sieht?“ Er empfiehlt, die inwendigen Augen zu öffnen und in sich selbst eine andere Welt zu entdecken.

Der Weg nach innen

Wenn Sie diese Methode nutzen wollen, so kann der Weg über äußere und innere Entspannung, über Sitzen in Muße, über Loslassen und innere Sammlung führen. Aufrechte Körperhaltungen, wie verschiedene Traditionen sie vom Lotossitz angefangen bis zum abendländischen Knien anbieten, können dabei hilfreich sein. Ungestörtheit von außen ist eine Voraussetzung. Dann können Sie den Weg in Ihre Mitte beginnen.

Um Ihre ganze Energie zu sammeln und auf eine einzige Aktivität zu konzentrieren, kann es Ihnen helfen, Ihre Aufmerksamkeit auf Ihren Atem zu richten. Alternativ oder zusätzlich können Sie auf einen einfachen Punkt auf einer leeren Fläche schauen. Auch damit erreichen Sie nach wenigen Minuten einen höheren Grad an Konzentration. Noch stärker als ein einfacher Punkt können mehrere konzentrische Kreise wirken, die eventuell noch weiter außen vagabundierende Aufmerksamkeitsteile auf den Mittelpunkt hin einfangen. Zum Hintergrund: Der Punkt ist das einfachste Mandala, das es gibt. Die Kreise erweitern es. Verfeinerte und kostbarer ausgestattete Bilder mit gleicher Struktur und Wirkweise sind die großen Rosettenfenster vieler gotischer Kathedralen, fernöstliche Mandalabilder sowie viele Marien-Ikonen. bei denen durch einen schräg gemalten Kopf ein Auge der Gottesmutter im Mittelpunkt ihre Kopfes und Heiligenscheins angeordnet ist.

Wenn Sie sich auf solche Bilder und Strukturen einlassen und sie auf sich wirken lassen, gelangen Sie zu einer höheren Energiekonzentration für die Bewältigung Ihrer Aufgaben und die Erreichung Ihrer Ziele.

Ähnlich wirkungsvoll kann es sein, wenn Sie mit geschlossenen Augen auf einen langsam verklingenden Ton achten. Wenn Sie etwa dem immer leiser werdenden Klang einer lang nachschwingenden Glocke, eines Gongs oder einer Klangschale folgen, können Sie darauf wie auf einer

Rutschbahn in eine tiefe innere Stille gleiten. Die Wirkweise hängt damit zusammen, dass durch die gebündelte Aufmerksamkeit alle ablenkenden Reize und selbst die Gedanken ausgeschaltet werden und alles sich auf den einen Punkt bzw. Ton orientiert wird.

Wenn Sie sich auf diese Weise konzentrieren lassen, werden Sie dabei vermutlich erleben, dass sich Gedanken, die Ihnen vorher noch durch den Kopf gingen, weiter entfernen und verfliegen. Außerdem werden Sie sich entspannter fühlen. Dann können Sie die nach einiger Zeit eintretende Ruhe genießen.

Irgendwann werden Ihnen dann von innen – vielleicht nach einigen aufsteigenden negativen Gedanken oder Gefühlen – positive Gedanken, Bilder, Ideen und Gefühle begegnen. Dann können Sie sicher sein, dass Sie auf dem richtigen Weg sind. Und je näher Sie Ihrer Mitte kommen, desto mehr werden Sie dabei Momente von Sinn, Glück und Fülle empfinden. Aber nicht, weil Sie das wollen, sondern weil es Ihnen von innen her geschenkt wird.

Wenn Sie diese Übung regelmäßig durchführen, werden Sie als Person insgesamt zentrierter und reifer – und Sie werden auf andere Menschen entsprechend glaubwürdiger und überzeugender wirken.

Die Wendung nach außen

Nachdem Sie sich auf die beschriebene Weise nach innen fokussiert und Ihre Aufmerksamkeit von allem Äußeren gelöst haben, können Sie diese dann wie in einem Laserstrahl gebündelte Energie dann auch umkehren, wieder nach außen wenden und dort auf einen Gegenstand richten. Das kann ein Gedanke, eine Vorstellung oder jemand oder etwas in der äußeren Welt sein. Auch Ziele, die Sie sich setzen, können Sie entsprechend fokussieren und mit dieser Technik gesteigerte Kräfte freisetzen. Je bedeutender und anziehender ein Ziel für Sie ist, und je mehr Sie es mit Aufmerksamkeit nähren, desto stärker bündelt auch das Ihre Energie.

Mit solcher Fokussierung auf Wesentliches können Sie Perspektiven in Ihrem Leben überprüfen und gegebenenfalls zurechtrücken und dem Bedeutungslosen die Macht nehmen und sich selbstbewusst in die Richtung Ihrer Ziele hin bewegen. Wenn Sie dann Ihr Denken und Sprechen fest mit Ihren Zielen verbunden haben, aktivieren Sie damit die für Ihren Erfolg notwendigen Kräfte. Im Privaten wie im Beruflichen können Sie davon ausgehen, dass Ihre Identifikation mit den Zielen Ihrer Abteilung oder Ihres Unternehmens für Ihren Erfolg wesentlich ist. Klären Sie also Ihre persönlichen Ziele und prüfen Sie, ob und wie Sie andere Ziele, die Ihnen von außen vorgegeben werden, miteinander verbinden können.

Und eine weitere Steigerung der Fokussierung ist möglich: Ein jedem Menschen vorgegebenes Ziel ist der Tod. Je klarer Sie sich Ihre Endlichkeit vor Augen stellen, desto deutlicher treten die Konturen dessen hervor, was für Sie in Ihrem Leben wirklich wichtig ist. Die alte Lebensregel: „Memento mori“ – „Gedenke, dass du sterben musst“ – kann Ihnen in diesem Zusammenhang ein Hilfsmittel für Ihren Lebenserfolg sein. Man könnte auch sagen: „Tue, was du tun willst, ehe es dafür zu spät ist!“

Wenn Themen der Fokussierung an einen Zeitpunkt gebunden sind, dann spricht man von „Zielen“ (etwa ein Haus bauen), wenn sie dagegen an eine innere Einstellung gebunden sind, dann spricht man von „Sinn“: „Wenn ich zum Glück anderer beitragen kann, ist mein Leben sinnvoll.“

Wenn Sie auf Ihre persönlichen Ziele und Ihren Lebenssinn reflektieren, wird sich aus deren Perspektive manche der 1000 vermeintlichen täglichen Dringlichkeiten als unwichtig erweisen, und Sie können dort Energie einsparen und sich auf die wirklich wichtigen Dinge konzentrieren.

Ein positives Selbstbild

Nachdem wir nun das innere Selbst gewürdigt und herausgearbeitet haben, möchte ich Sie darauf hinweisen, dass die Befreiung und Entfaltung dieses Selbst nicht immer gewünscht wurde und wird. Wer diesen Weg geht, gewinnt an persönlicher Identität und Stärke und ist nicht mehr so leicht zu manipulieren. Deshalb heißt es manchmal auch, man solle seinen „inneren Schweinehund“ zurückhalten. Damit wird die innere Kraft als schlecht disqualifiziert.

Entsprechend gibt es viele das Selbst dämpfende und hemmende Bewertungen: Man soll nicht eigenwillig sein, nicht ungeduldig, nicht stur, nicht nachtragend, man soll nicht mit dem Kopf durch die Wand wollen, sondern sich selbst lieber bremsen, zurückstellen und nachgeben. Man soll nett sein, nachgiebig, flexibel, anpassungsfähig, kompromissbereit, man soll ein guter Zuhörer sein, offen für andere Meinungen und Standpunkte und vor allem jederzeit selbstkritisch.

Gewiss sind auch solche Verhaltensweisen am richtigen Platz angemessen, aber man muss auch achtgeben, sich in seinem eigenen Selbstbild nicht zu sehr durch solche Bewertungen manipulieren zu lassen. Sie können ja einmal versuchen, sich eine Reihe vermeintlich negativer Eigenschaften aufzulisten und sie dann von der positiven Seite für sich zu betrachten. Durch eine positive Neubenennung können Sie Ihr Selbstwertgefühl deutlich heben. Machen Sie sich bewusst, es gibt keine negativen Eigenschaften, sondern nur Bewertungen von Eigenschaften. Und mindestens für sich selbst haben Sie das Recht, Ihre Eigenschaften und Verhaltensweisen selbst zu bewerten:

- In Ihrer „Ungeduld“ erkennen Sie dann „unbändige Energie“,
- statt „stur“ sind Sie „konsequent“,
- „immobil“ heißt dann „bodenständig,
- „nachtragend“ bedeutet „ein gutes Gedächtnis haben“,
- „Ängstlichkeit“ verstehen Sie als „Vorsichtigkeit“,
- „lahmarschig“ zu sein entpuppt sich als „souveräne Gelassenheit“.
- Wenn Sie sich bislang für „technisch unbegabt“ gehalten haben, werden Sie erkennen, dass Sie an „Technik nicht interessiert“ sind.
- Wenn Sie sich bislang für „entscheidungsschwach“ hielten, können Sie es sich ab jetzt als Tugend anrechnen, dass Sie „Lösungen reifen lassen“.

Befreien Sie sich also von Bewertungen, die andere an Ihnen vorgenommen haben und erkennen Sie Ihren Wert und erarbeiten Sie sich ein wirklich positives Selbstbild.

Klarheit über sich und seine Werte

Wenn die Verbindung nach innen hergestellt ist, kann und muss sich die eigene Energie auf dem Weg nach außen wieder inhaltlich konkretisieren. Dabei sind auf jeder Ebene einige Grundfragen zu klären:

- Wer bin ich? (1. Ebene: Uridentität)
- Was will ich? (2. Ebene: Antriebe und Bedürfnisse)
- Welche Werte vertrete ich? (3. Ebene: Grundeinstellungen)
- Was fühle ich? (4. Ebene: Emotionen)
- Was strebe ich an? (5. Ebene: Interessen)
- Wie kann das funktionieren? (6. Ebene: Sachwelt)
- Wofür entscheide ich mich und was tue ich? (7. Ebene: Reflexion)

Es geht dabei also nicht nur um Klarheit über das Wollen einer Persönlichkeitsebene, sondern um Klarheit auf jeder Ebene und möglichst um einen Einklang im Wollen aller Ebenen.

Für den Aufbau von Selbstsicherheit ist Klarheit notwendig. Wenn einzelne Ebenen aus dem Gesamtsystem ausrücken und damit unverträgliche Einstellungen oder Impulse produzieren, ist man „verrückt".

Innere Klarheit bewirkt nach außen eine Sicherheit, die für andere spürbar wird. Klarheit entsteht einerseits durch Reflexion, andererseits aber auch durch sprachliche Formulierung. Der Philosoph Friedrich Hegel hat gesagt: Philosophie sei „die Anstrengung des Begriffs". Erst wenn etwas sprachlich ergriffen und begriffen ist, dann ist es wirklich klar, kann dann zur Verwirklichung angepackt und umgesetzt und kommuniziert werden. Versuchen Sie also Klarheit in den verschiedenen Hinsichten zu gewinnen.

Klären Sie Ihre innere Identität

Klären Sie für sich, wofür Sie auf der Welt sind, wofür Sie in dieser Firma sind, was am Ende Ihres Lebens Ihr Beitrag oder der Zweck Ihres Daseins gewesen sein soll, was Sie beitragen wollen, wer Sie von Ihrem Sein als Mensch und Person sind und sein wollen.

Klären Sie Ihre Bedürfnisse und Impulse

Einem erwachsenen Menschen steht es gut an, wenn er sich über seine persönlichen Wünsche und Bedürfnisse, die Art seiner Antriebe im Klaren ist. Sie sollten nicht ständig nur über sich selbst verwundert sein und staunen, was da für Impulse aus Ihnen entstehen, sondern aus Selbstbeobachtung und Erfahrung mit sich selbst eine Gebrauchsanleitung für sich selbst erstellen und auch an andere kommunizieren können. Aus dieser Ebene erwachsen Ihre Motivationen und es ist sehr wichtig, einschätzen zu können, welche davon langfristig tragen und sich auch Vorstellungen davon zu machen, welche Bedürfnisse und Antriebe Sie sich in Erinnerung rufen müssen, um deren Kraft in konkrete Situationen einbringen zu können.

> Wenn Sie eine *schwierige Gruppe* mit mehreren *„Streithähnen"* moderieren sollen und so wenig Lust dazu verspüren, dass Sie am liebsten kneifen würden, können Sie sich vielleicht dadurch motivieren, dass Sie sich erinnern, dass Sie eigentlich ein kreativer Mensch mit viel Gestaltungswillen sind. Wenn Sie diese Impulse dann in die Situation einbringen, kann es Ihnen vielleicht Spaß machen, mit der Gruppe eine gute Lösung zu kreieren.

Entsprechend bei einer Rede: Wenn Ihnen eine aufgetragene Präsentation zunächst nur als Pflichtübung erscheint, können Sie sich vielleicht bewusstmachen, dass Sie jemand sind, der etwa beim Fußballspielen immer Tore schießen will, also zielorientiert arbeitet. Wenn Sie sich dann ein klares Ziel für Ihre Präsentation setzen und um dessen Erreichung kämpfen, kann Ihnen die ganze Situation eine spannende Herausforderung sein.

Klären Sie Ihre Werte und Prinzipien

Jedes Verhalten orientiert sich an bestimmten Normen, Werten und Prinzipien. Für manche Menschen ist das Wichtigste, nicht aufzufallen, Konflikte zu vermeiden und sie passen sich deshalb ihrem Umfeld an. Entweder schwimmen sie mit dem Strom oder sie verstecken sich. Andere wollen zum Wohl des Ganzen beitragen und legen sich dafür mit vielen an. Solche handlungsleitenden Maßstäbe können teils in der Kindheit übernommen, teils später selbst gesetzt worden sein. Wenn Sie sich nicht klar sind, welche Prinzipien Ihr Verhalten bestimmen, sind Sie noch fremdgesteuert. Prüfen Sie deshalb, welche Grundsätze Ihr Handeln bestimmen und formulieren Sie Ihre aktuellen persönlichen Werte und Prinzipien.

Stehen Sie für „Gerechtigkeit, Menschenfreundlichkeit, Entwicklung" oder für „Lebensfreude, Entdeckerfreude und Genuss?" Klären Sie Ihre Maßstäbe und machen Sie sich damit zur selbst bestimmten Person. Diese Maßstäbe können Ihnen in vielen Situationen und Hinsichten Orientierung geben, wenn Sie sie auf konkrete Situationen übersetzten und ein entsprechendes Verhalten daraus ableiten. Im Allgemeinen ist es von Vorteil, solche Prinzipien auch dem eigenen Umfeld zu kommunizieren. Sie geben dadurch Orientierung und wirken dabei souverän.

Klären Sie Ihre Gefühle

Es war ein Revolutionslied: „Die Gedanken sind frei!", aber frei denken zu können ist nur ein Teil. Frei fühlen zu können ist mindestens teilweise eine Voraussetzung, um frei fühlen zu können. In vielen Gesellschaftssystemen, Firmen oder Familien ist die Freiheit zu fühlen erheblich und teils mit Gewalt unterdrückt worden. Weil vieles davon verinnerlicht ist, fällt es auch dem vermeintlich frei denkenden Einzelnen oft schwer, sich über seine Gefühle im Klaren zu sein. Aber auch die Angst vor einem Entzug von Anerkennung oder vor den sich aus den eigenen Gefühlen ergebenden Konsequenzen bewirkt oft eine Unterdrückung von Gefühlen. Offenbar ist es leichter, seine Gefühle zu unterdrücken als sie zu ändern.

Prüfen Sie einmal für sich, was Ihre Grundgefühle sind, wie Sie sich in bestimmten Situationen fühlen, in der Nähe bestimmter Menschen, privat oder bei der Arbeit und in diesem Zusammenhang hier insbesondere in Hinsicht auf das Thema und die Inhalte einer bestimmten Rede oder Präsentation. Eigentlich haben sie nur die folgenden: Werden Sie sich über Ihre Gefühle klar und ziehen Sie die Konsequenzen daraus. Dabei kann eine Konsequenz darin bestehen, sich aus einer Situation oder von einem Thema zu verabschieden, wenn Sie sich dabei schlecht fühlen, die andere Option wäre, die Situation oder die Botschaft oder die Perspektive darauf so zu ändern, dass Sie sich dabei wohlfühlen.

Der größte Mangel vieler Reden und Präsentationen liegt darin, dass der Sprecher dabei nicht mit seinen Gefühlen präsent ist. Der Grund dafür wird sein, dass er entweder sowieso nicht gelernt hat, im Einklang mit seinen Gefühlen zu leben und sie permanent unterdrückt, oder dass er sie nur in dieser Situation unterdrückt. Beides mindert seine Wirkung und macht ihn hinsichtlich seiner Glaubwürdigkeit zum Neutrum. Versuchen Sie sich also schon bei der Vorbereitung Ihres Sprechens an ein Thema heranzufühlen und vertreten Sie es als (durchaus klar denkender) Gefühlsmensch.

Klären Sie Ihre Ziele und Visionen

Die Zukunft beginnt jetzt. Sie können sich ihr als Opfer ausliefern und nachher das Schicksal oder die vielen Sachzwänge beklagen, Sie können aber auch Zukunftsbilder entwerfen und die Weichen für deren Realisierung stellen. Die meisten erfolgreichen Menschen zeichnen sich vor allem durch klare langfristige Zielvorstellungen und einen aktiven Gestaltungswillen aus. Ziele und Visionen helfen einem, seine Kraft zu bündeln und punktgenau auszurichten. Klären Sie also für sich, was Sie wirklich wollen, wofür Sie Ihre Kraft einsetzen und worauf hin Sie Ihr Leben, Ihr Engagement und Ihr Handeln ausrichten wollen. Ist Ihnen diese Basis klar, so können Sie davon wieder Bezüge in jedes Thema, über das Sie zu sprechen eingeladen sind, ableiten und auch, wenn Sie die nicht aussprechen, mit entsprechender Klarheit auftreten.

Klären Sie die Möglichkeiten

Auf der nächsten Ebene müssen Sie sich dann die Klarheit darüber verschaffen, was in sachlicher Hinsicht – etwa technisch, finanziell, politisch, organisatorisch – möglich und realistisch ist, und aufzeigen, wie vorzugehen ist. Das sind die Dinge, die Bestandteil Ihrer fachlichen Ausbildung und Tätigkeit sind, denen Sie bislang vermutlich bei der Vorbereitung Ihres Tuns und Ihrer Reden Vorrang eingeräumt haben. Auch das

Erkennen der Strukturen von Sachverhalten sowie die Gliederung einer Rede gehören zur Klarheit dieser Ebene.

Entscheiden und handeln Sie

Sich und anderen Klarheiten schaffen ist eine große und anspruchsvolle Aufgabe. Klarheit wirkt meist einfach, ist aber oft erst in einem aufwändigen Prozess herzustellen. Sie hat nur einen geringen Nutzen, wenn sie nicht zum Handeln genutzt wird. Zwischen Klarheit und Handlung kommt aber noch der Akt der Entscheidung. Dabei muss abgewogen werden wie die Aspekte verschiedener Ebenen und verschiedener Personen miteinander kombiniert werden. Auch eine getroffene Entscheidung gewinnt ihren Wert erst, wenn sie umgesetzt wird.

Wenn es eine Voraussetzung zum wirkungsvollen Sprechen ist, möglichst viel persönliche, existenzielle und themenbezogene Klarheit zu gewinnen, dann ist der zweite Aspekt des Sprechens, diese Klarheit auch bei seinen Zuhörern herzustellen. Das Ziel des Sprechens wird es aber in den meisten Fällen sein, Menschen zum Handeln in einer bestimmten Richtung zu bewegen. Das sollten Sie vor allem als Ihre Aufgabe beim Sprechen betrachten.

Schreiben als Hilfsmittel auf dem Weg zur Klarheit

Als spezielle Methode, wie Sie all die geforderten Klarheiten erst einmal für sich schaffen können, empfehle ich Ihnen, Ihre Reflexionen durch Aufschreiben in die Klarheit von präzisen Formulierungen zu zwingen. Dabei können Sie Ihre Gedanken ordnen und klären. Da es sich dabei nicht nur um die zweckorientierte Vorbereitung für einzelne Reden oder Präsentationen handelt, sondern zum großen Teil um grundlegendere Reflexionen können Sie das am besten wie beim Tagebuchschreiben praktizieren.

Sie werden feststellen, dass Sie dabei wesentlich weiter vorankommen als in vielen Gesprächen mit Freunden, in denen man oft vage bleibt. Auch wenn man allein vor sich hindenkt, verliert man unterwegs oft wieder manches aus den Augen oder kommt nicht so recht voran. Wenn

Sie dagegen mit einer konsequenten Disziplin versuchen Ihre Gedanken zu formulieren und niederschreiben, werden Sie mit hoher Wahrscheinlichkeit zu einem erheblichen Maß an Klarheit gelangen. Sie haben dabei die Chance, das vielleicht in mehreren Etappen mühsam Niedergeschriebene anschließend zusammenhängend zu lesen und daraus Anstöße zur weiteren Entwicklung Ihrer Gedanken zu gewinnen. Wenn Sie fertige Gedanken auf Papier ablegen, bekommen Sie den Kopf für die nächsten frei. So können Sie Ihre Energie vorwärts richten.

Wenn Sie sich beim Schreiben konsequent selbst befragen und sich zum Antworten zwingen, können Sie sich auf diese Weise manche Coaching-Sitzung ersparen und sich selbst zu erheblich mehr Klarheit vorwärts coachen.

Da unser Gehirn nicht mit logischen, sondern mit assoziativen Verknüpfungen arbeitet, ist es beim Schreiben unwichtig, dass die aufgeschriebenen Gedanken logisch sinnvoll zusammenpassen. Wichtig ist es dagegen, dem eigenen Flow zu folgen und immer genau das niederzuschreiben, was Ihnen gerade einfällt.

Sie können darauf vertrauen, dass Ihr Gedankenfluss Sie zu einem sinnvollen Ziel führt. So wie Wasser in Schleifen immer bergab fließt, so fließen auch Ihre Gedanken automatisch zur Erkenntnis immer tieferer und umfassenderer Zusammenhänge. Sie brauchen ihnen nur zu folgen. Sie können Sitzungen machen, bei denen Sie einfach ins Blaue schreiben, Sie können sich aber auch ein Thema oder eine Fragestellung vorgeben, um die Sie sich mit Ihren Gedanken bewegen wollen. Vermutlich werden Sie in beiden Fällen über Ihre Ergebnisse verblüfft sein.

Wenn Sie ein Tagebuch anlegen und darin Ihre Gedanken(splitter) frei von Hemmungen sammeln und entwickeln, dann kann es für Sie zu einem Instrument der Psychohygiene werden und Ihnen erheblich helfen, mehr aus sich herauszuholen und Ideen zu kreieren, die latent schon längst in Ihnen reifen.

Ein solches Buch wird für Sie kostbarer sein als jedes Buch, das Sie fertig kaufen können. Von allen anderen Büchern unterscheidet es sich dadurch, dass es Sie ganz persönlich betrifft und nie fertig wird.

Je mehr es Ihnen auf diese Weise gelingt, das Profil Ihrer Gedanken und die Klarheit in Ihrem Leben zu schärfen, desto klarer und selbstsicherer können Sie vor anderen sprechen und auftreten.

Urheberschaft

Ein weiteres Kennzeichen einer überzeugenden Persönlichkeit ist, dass sie nicht nur passiv auf vorgegebenen Spuren oder als Opfer der Umstände agiert, sondern selbst Impulse setzt und selbst als Urheber ihres Handelns und ihrer Worte agiert. Der Begriff „Authentizität" ist mit „Urheberschaft" zu übersetzen. Zuhörer einer Rede werden sich immer ausdrücklich oder unausdrücklich fragen: „Sagt der Sprecher das, weil er das meint oder weil er es sagen muss?" Im zweiten Fall ist die Wahrscheinlichkeit groß, dass Zuhörer die Botschaft ablehnen.

Klären Sie für sich, wovon Sie in Ihrem Leben, in Ihrer Arbeit, in Ihrem Umfeld Urheber sein wollen. Ihre Bedeutung – auch im Ansehen anderer Menschen – steigt damit, wenn Sie als Urheber erkennbar sind, und Ihr Ansehen steigt, wenn Sie Urheber von etwas Nützlichem und Guten sind. Da wo Sie Urheber sind, entsteht etwas, das es ohne Sie nicht gegeben hätte, da sind Sie Quelle, Generator, Erzeuger, Schöpfer, Auslöser und Anstoßgeber.

Urteilskraft

Eine weitere Qualität einer Persönlichkeit ist ihre Urteilsfähigkeit und Urteilskraft. Was hilft alles Wissen der Welt, wenn es nicht durch Beurteilung eingeschätzt und hinsichtlich seines Werts und Nutzens gewichtet und verwertet wird. Sachbearbeiter bewegen sich auf der Informationsebene. Führungskräfte müssen dagegen einschätzen und beurteilen, welche Informationen als wichtig zu gelten haben, welche Schlüsse daraus gezogen werden sollen und ob die aus Informationen gezogenen Schlüsse als sinnvoll und im Gesamtzusammenhang oder bezüglich gesetzter Ziele brauchbar sind. Führungskräfte müssen durch ihre Urteilskraft einschätzen können, welche Ziele sinnvoll und realistisch erreichbar sind und welche Wege dahin zumutbar, ethisch und in anderen Hinsichten machbar und wünschenswert sind.

Wenn Sie als Sachbearbeiter eine Präsentation machen, qualifizieren Sie sich als Redner erst als Persönlichkeit, wenn Sie mit Urteilskraft auftreten. Sie sollten dazu Stellung nehmen, ob Sie die dargestellten Informationen für sorgfältig recherchiert und für glaubwürdig halten, ob Sie deren Auswertung für korrekt und präzise einschätzen, und ob sie die Informationen wirklich für wesentlich und im Sinnzusammenhang für zureichend halten. Wenn Sie dann auf der Basis solcher Urteile Informationen geben und mit einer abschließenden Beurteilung enden, werden Sie als Persönlichkeit in Erinnerung bleiben.

Als Führungskraft sollten Sie genau das Beurteilen von Wichtigkeiten und Prioritäten für Ihre Hauptaufgabe halten. Wenn es einem Firmenchef oder Regierungschef gelingt, drei wesentliche Prioritäten für ein Jahr zu erkennen, festzulegen und durchzusetzen, kann das für den Erfolg seines Tuns entscheidend sein.

Kindern wird meistens Urteilskraft abgesprochen, Jugendliche fällen oft vorschnelle Urteile im Affekt. Als Auszubildender, Student oder Berufsanfänger erlebt man, dass man Menschen, Dinge und Zusammenhänge oft noch nicht richtig beurteilen kann, und als Erwachsener erkennt man, das viele Urteile, die man als Jugendlicher gefällt hat, nicht richtig waren und nicht durchtragen. Als reife Persönlichkeit urteilt man vielleicht vorsichtiger, weiß aber, dass es eigentlich auf ein gutes Urteilsvermögen ankommt und dass das Leben auch Entscheidungen verlangt. Bei der Einstellung von Top-Managern ist deren Urteilsfähigkeit und Urteilskraft eines der wesentlichen Kriterien. Wichtig dabei ist auch, die Grenzen der eigenen Urteilsfähigkeit zu erkennen und auch diese zu kommunizieren: „Das kann ich nicht einschätzen, dazu müsste man einen entsprechenden anderen Experten hören.“ Auch dieses Eingeständnis ist ein Kennzeichen einer reifen Persönlichkeit. Alles andere wäre Größenwahn.

Reichtumsbewusstsein, Ausstrahlung, Charisma

Wie soll ein Mensch etwas von sich ausstrahlen können, wenn er vor lauter Mangelgefühlen nur das Bedürfnis hat, etwas im egoistischen Sinn anzusaugen? Aus Mangelgefühlen entsteht so leicht keine Persönlichkeit mit Charisma. Daher ist es eine weitere Aufgabe der Selbstführung, zu prüfen, wie die eigene Mangel-Überfluss-Bilanz aussieht, und sie so zu beeinflussen, dass sie im Gesamtergebnis deutlich im Plus steht. Um dahin zu gelangen, sollten Sie sich vor allem um eine „Reichtumsbilanz" bemühen. Machen Sie sich einmal ausdrücklich bewusst und versuchen Sie es zu fühlen, was in Ihrem Leben eigentlich alles gut gelaufen ist.

Sie können dabei auf mehreren Ebenen suchen und sammeln:

- Was haben Sie geschenkt bekommen?
- Was haben Sie sich intuitiv genommen?
- Was haben Sie sich bewusst im Leben genommen?
- Worum haben Sie gekämpft und es bekommen?
- Was ist das Positive am vermeintlich Negativen?

Am besten machen Sie sich einmal eine lange Liste und schreiben sich alles, was Sie zu Ihrem Reichtum zählen auf. Dann können Sie sich diese Liste immer wieder durchlesen, bis Sie nicht nur wissen, sondern auch fühlen können, wie reich Sie sind:

- Wer in Kindheit und Jugend Vater und Mutter gehabt hat, sollte das in den allermeisten Fällen auf die Reichtumsseite buchen, selbst wenn sie noch so streng oder schwierig waren. Hätte einer ganz gefehlt, wäre wohl vieles schwerer gewesen.
- In einer Zeit des Friedens im eigenen Land aufgewachsen zu sein und zu leben, ist ebenfalls ein großes Glück und ein Reichtum, den man sich ab und zu bewusst machen kann.
- Gesund zu sein ist ein großer Reichtum,
- Geschwister zu haben bedeutet meistens auch Reichtum.
- Eine Ausbildung gemacht zu haben ist auch nicht für jeden in jedem Land der Welt selbstverständlich.
- Reisen machen zu können und schon unternommen zu haben, ist gewiss ein Luxus weniger Menschen der Menschheitsgeschichte.

Hinzu kommen die eigenen biografischen Details. Angesichts einer solchen Liste sollte es schon möglich sein, sich auf die Reichtumsseite zu stellen und etwas Glück im Leben empfinden zu können. Wenn Sie in dieser Stimmung vor andere Menschen treten, werden Sie schon allein durch diese Grundstimmung positiv wirken und Sympathie gewinnen können.

Sie können sich aber auch noch für einzelne Situationen und Ereignisse zusätzlich mit Reichtumsbewusstsein „dopen", wenn Sie sich etwa klar machen,

- welchen Vorsprung Sie mit Ihrem Wissen vor anderen haben, oder
- wie wichtig es ist, dass Sie mit Ihrem höheren Anspruch oder Ethos in dieser Angelegenheit zu Wort kommen und nicht jemand anderer.
- Dann fügen Sie Ihren sportlichen Geist von Fairness und Ihre grundsätzliche Menschenfreundlichkeit noch als weitere Reichtumsaspekte hinzu

und Sie werden bei angemessener inhaltlicher Vorbereitung des Themas leicht einen guten Auftritt hinlegen und die Anerkennung Ihrer Zuhörer gewinnen,

Charisma ist die Abstrahlung an positiver Energie, die von jemandem ausgeht. Bemühen Sie sich also ernsthaft darum, ein von Grund auf positiv gestimmter Mensch zu werden. Es liegt tatsächlich zum großen Teil in Ihrer Hand.

Zusammenfassung

Indem Sie sich in eine Haltung des Gleichgewichts begeben, sich Freiräume schaffen und sich von Ängsten, Druck und Ballast entlasten und versuchen, aus Ihrer persönlichen Mitte heraus zu leben, schaffen Sie die inneren und äußeren Voraussetzungen für ein stabileres und positiveres Lebens- und Selbstwertgefühl sowie für eine bessere und charismatischere Ausstrahlung.

Die Hinweise, die Sie bis hierher erhalten haben, können Ihnen helfen, Ihre Persönlichkeit weiter zu entwickeln und in einen höheren Energiezustand zu heben. Sie werden dabei charismatische Qualitäten entwickeln, die aus innerer Kraft gespeist werden und den Radius Ihrer Wirkung deutlich erweitern.

Diese Anregungen nur zu kennen nutzt allerdings wenig. Wenn Sie wirklich einen nennenswerten Effekt erreichen wollen, müssen Sie die Empfehlungen tatsächlich und praktisch vollziehen. Das bedeutet nicht, dass Sie alles gleichzeitig anfangen. Gehen Sie Schritt für Schritt durch, bevorzugen Sie das, was Ihnen leicht fällt oder besonders einleuchtet, aber bleiben Sie konsequent daran und gehen Sie mehrere Schritte nacheinander. Wachstum und persönliche Reifung sind nicht von heute auf morgen zu erzwingen oder zu trainieren. Wichtig ist, dass Sie den Prozess Ihrer persönlichen Weiterentwicklung aktiv unterstützen und dabei vielleicht auch manches nachholen, was im Lauf der Jahre liegengeblieben oder im Alltag steckengeblieben ist. Wenn Sie sich dabei gleichzeitig noch an Menschen orientieren, die Ihnen vorbildlich erscheinen, dann sollte Sie das insofern ermutigen, als es beweist, dass es Menschen gibt, die charismatisch sind und es vermutlich nicht immer waren.

Es mag sein, dass Sie solche Menschen nur finden können, wenn Sie sehr genau hinschauen. Nicht jeder, den Sie spontan um sein glanzvolles und brillantes rhetorisches Auftreten beneiden würden, hält einer genaueren Überprüfung stand. Sie werden beim zweiten Blick oft feststellen, dass jemand doch nur eine Maske trägt und nicht wirklich authentisch ist. Aber Sie werden auch erkennen, dass es eine ganze Menge wirklich überzeugende Menschen gibt. Sie sind oft eher leise und unauffällig. Sie benötigen keine grellen Auftritte und fallen nicht immer auf. Trotzdem kann es ihnen gelingen, viel zu beeinflussen, und sie genießen meist eine hohe interne Wertschätzung. Schauen Sie, was Ihre eigene Persönlichkeitsform ist, und gehen Sie Ihren selbstbestimmten Weg. Je nachdrücklicher Sie das tun, desto stärker wird Ihre Überzeugskraft im Sinne einer charismatischen Ausstrahlung.

Wie Überzeugen funktioniert

Ihr Gesamteindruck als Sprecher entscheidet

Eine Ihrer wichtigsten Leistungen als Sprecher besteht darin, sich Ihren Gesprächspartnern und Zuhörern als glaubwürdige Person zu präsentieren. Wie Sie gesehen haben, hängt eine charismatisch-überzeugende Ausstrahlung in erster Linie mit der inneren Harmonie eines Sprechers zusammen, also damit ob seine Überzeugungen, sein Handelns und seine Worte im Einklang miteinander sind.

Mit ihrem Verstand nehmen Zuhörer analytisch immer nur einzelne Ausdrucksgesten, Worte und Sätze zur Kenntnis. Mit ihrer Intuition dagegen erfassen sie kompakt und im Ganzen, ob eine andere Person mit all ihren Ebenen in Harmonie mit sich und einer Situation ist oder nicht. Dieser Eindruck geht weit über die eindimensionale Verstandeskommunikation hinaus.

Vergleichbar ist dieses Phänomen mit dem Wahrnehmen eines Akkordes in der Musik. Auch ein Laie kann ohne theoretisches Musikwissen empfinden, ob sich die Schwingungen der Töne harmonisch zueinander verhalten oder dissonant.

Ihre Zuhörer spüren intuitiv sehr genau, in welchem Maß dieser Einklang bei Ihnen gegeben oder gestört ist. Neueste Forschungen zeigen, dass Gesprächspartner intuitiv sogar schon durch den Geruch eines Gegenübers weitgehend über dessen emotionalen Gesamtzustand informiert sind. Es gibt wie bei den Tönen in der Musik harmonische und dissonante Gerüche, und es gibt in der Kommunikation eine harmonische oder eine dissonante Körpersprache. Dabei ist eine glaubwürdige und in sich harmonische Verstellung nicht möglich.

Glaubwürdigkeit und Überzeugungskraft sind entsprechend nicht als rhetorische Techniken zu erlernen und von außen aufzusetzen, sondern müssen durch die eigene Lebensführung und Selbststeuerung im Lauf der eigenen Entwicklung von innen her erarbeitet und erworben werden.

Persönlichkeitswirkung und Überzeugungstechnik

Innere Einstellungen können auf die äußeren Verhaltensweisen den gleichen Effekt haben wie ein Magnet auf Eisenspäne. Sie koordinieren ein Feld. Wenn ein Sprecher in seiner Gesamtheit ein kohärentes und harmonisches Bild ausstrahlt, dann wird er als glaubwürdig empfunden. Das ist die wesentliche Voraussetzung zum Überzeugen. Auf dieser Basis können Sie die noch zu besprechenden Überzeugungstechniken als formale Mittel sehen, um eine Botschaft zielgerichtet zu kanalisieren.

Eine gut ausformulierte Rede, die von verschiedenen Personen vorgetragen wird, wird unterschiedliche Effekte bei den Zuhörern auslösen. Ein Sprecher mit starker Ausstrahlung, der sich eine solche Rede innerlich aneignet und sich damit identifiziert, wird mehr damit erreichen als einer, der sie nur abliest und dabei weder Blickkontakt zu seinen Zuhörern aufnimmt noch sich die Mühe macht, angemessen laut zu sprechen. Umgekehrt lässt sich sagen, dass ein Mensch mit positiver Ausstrahlung und glaubwürdig sympathischer Wirkung auch beim spontanen Reden eine überzeugende Wirkung erzielen kann. Diesen Effekt wird er aber ohne eine gewisse sprachliche Kompetenz sicherlich nicht erreichen. Daher sollten persönliche Einstellung und sprachlich-rhetorische Kompetenz zusammenwirken. Nur beide Seiten zusammen vermögen eine überzeugende und charismatische Wirkung zu erzielen.

Ihr Selbstverständnis in der Rolle des Sprechers

Neben den beschriebenen inneren Einstellungen gibt es eine weitere, die für den Erfolg beim Sprechen entscheidend ist. Bei vielen Teilnehmern meiner Rhetorik-Seminare stelle ich fest, dass sie sich bei ihren Übungsreden reflexhaft in die Rolle eines Schülers oder Prüfungskandidaten begeben. Egal wie perfekt sie in dieser Rolle Techniken umsetzen, solange sie sich wie ein Schüler oder Prüfling fühlen und verhalten, verpufft jede Wirkung. Sie bleiben gegenüber ihren Zuhörern in einem niederen Rang, und was sie sagen, wirkt bedeutungslos. Manchmal lässt sich allein durch einen inneren Rollenwechsel, etwa in das Rollenverständnis eines Lehrers oder Beraters, ein ganzes Repertoire angemessener und rhetorisch wirksamer Verhaltensweisen aktivieren.

Vielen erwachsenen Frauen konnte ich mit Video *sehr mädchenhafte Verhaltensweisen* aufzeigen, die eben dazu führen, in einer Geschäftswelt nicht ernst genommen zu werden. Wenn sie ihr innerlich wirkendes Selbstbild austauschten und betont als erwachsene Frau oder gar wie eine Königin aufzutreten versuchten, änderte sich sofort ihr ganzes Verhalten und ihre Wirkung auf die Zuhörer.

Ein Teilnehmer war durch seine Kindheitsrolle als *jüngstes Kind* nachhaltig geprägt und stellte sich trotz hoher Fachkompetenz immer hintan und sendete fast in jedem Satz Zeichen der Selbstabwertung. Als ich ihn ermutigte, sich bewusst zu werden, dass er unter seinen Kollegen der Älteste, also gewissermaßen der „große Bruder" sei, konnte er leicht entsprechende Verhaltensweisen aktivieren.

Prüfen Sie für sich, welche Rollenreflexe Sie bei sich entdecken können, und entwickeln Sie gegebenenfalls andere positive Rollenbilder, aus denen heraus Sie Ihren Zuhörern gegenüber in einer ranggleichen oder ranghöheren Position auftreten können. Selbst wenn Sie sich in Ihrer fachlichen Kompetenz unvollkommen fühlen, und das tun die meisten Fachleute auch noch nach vielen Jahren, kann es Ihnen helfen, wenn Sie sich Ihren Vorsprung vor Ihren Zuhörern bewusst machen. Oft fällt es dann leicht, anderen ranghoch und mit einem rangstabilen Selbstbewusstsein zu begegnen.

Erzeugen Sie Resonanzen auf allen sieben Ebenen

Sie können im psychologischen Sinn genauso wie im physikalischen nur dann auf einer Ebene Resonanz auslösen, wenn Sie selbst auf dieser Ebene schwingen, und die Stärke der von Ihnen erzeugten Resonanz kann maximal die Stärke Ihrer eigenen Schwingung erreichen.

Kein Echo schallt lauter zurück, als man ruft. Genauso müssen Sie auch bei einer Gruppe von Zuhörern davon ausgehen, dass die Resonanz schwächer ist als Ihr Impuls.

Wenn Sie also außer gelangweiltem Nicken auch Freude, Begeisterung und Motivation bei Ihren Zuhörern erreichen wollen, müssen Sie sich als Sprecher auch selbst einbringen und engagieren Das verlangt von Ihnen umfassende persönliche Präsenz:

- Sie können nur in dem Maß Begeisterung wecken, wie Sie selbst Begeisterung spüren (7. Ebene, Geist).
- Sie können höchstens so viel Klarheit schaffen, wie Sie selbst haben; Sie können etwas nur in dem Maß verständlich machen, wie Sie es selbst verstehen (6. Ebene, Vernunft).
- Sie können Ziele nur in dem Maß als anstrebenswert kommunizieren, wie Sie diese Ziele auch selbst für erstrebenswert halten (5. Ebene, Intentionen).
- Sie können Gefühle nur in dem Maß auslösen, wie Sie sie selbst empfinden. (4. Ebene, Gefühle).
- Sie können andere Menschen höchstens in dem Maß dazu bringen Ihnen zu vertrauen und etwas zu glauben, wie Sie es selbst glauben (3. Ebene, Grundeinstellungen).
- Sie können bei anderen Menschen eine Begierde und ein Wollen nur in dem Maß wecken, wie Sie selbst etwas wollen (2. Ebene, Antriebe und Bedürfnisse).
- Sie können etwas nur in dem Maß als sinnvoll vermitteln, wie Sie es selbst für sinnvoll halten; Sie können nur in dem Grad Identifikation und Aktion für etwas auslösen, wie Sie sich selbst damit identifizieren und dafür engagieren (1. Ebene, Identität).

Sprechen Sie im Einklang mit Ihren Überzeugungen

Wenn Sie wirklich nur dann glaubwürdig und überzeugend sprechen können, wenn Sie in innerem Einklang mit sich sind und auf sympathische Art klar sprechen, sollten Sie nichts zu vertreten versuchen, das Ihren Überzeugungen widerspricht. Sie tun klug daran tun, solche Aufträge (Ihres Chefs) abzulehnen. Sie würden sie nicht wirklich zum guten Gelingen bringen können. Sie würden sowohl Ihrem eigenen Image als auch Ihren Anliegen beziehungsweise denen Ihres Auftragsgebers mehr schaden als nutzen. Setzen Sie Ihre Überzeugungskraft lieber dafür ein,

Ihren Chef oder Auftraggeber von Ihrer Meinung zu überzeugen oder muten Sie ihm zu, erst Sie zu überzeugen, ehe Sie dann versuchen, andere zu überzeugen.

Diese Warnung bedeutet nun nicht, dass Sie alles ablehnen sollten, hinter dem Sie nicht 100-prozentig stehen. Sie sollten Angelegenheiten, hinter denen Sie nur zu 51 Prozent stehen, aber nicht so zu verkaufen versuchen, als ständen Sie zu 100 Prozent dahinter. Eigentlich gewinnen Sie gerade dann an Glaubwürdigkeit, wenn Sie Ihre eigenen Zweifel oder Einschränkungen aussprechen. Dann können Sie immer noch zeigen, dass beim Abwägen des Für und Wider erstens eine Entscheidung notwendig ist und zweitens diese Entscheidung aus derzeitiger Sicht und Priorisierung trotz gewichtiger Gegengründe sinnvoll und richtig zu sein scheint. Damit bleiben Sie glaubwürdig.

Sagen Sie, was Sie sagen wollen

Vielfach fragen sich beauftragte Redner: „Was soll ich da wohl sagen, was wird man von mir hören wollen, welche Erwartungen muss ich erfüllen?" Eine darauf bezogene Vorbereitung bleibt zwangsläufig oberflächlich. Sie dringt nicht in die inneren Ebenen der Person des Sprechers vor. Vermeintlich kann man durch das Erfüllen von Erwartungen Konflikte vermeiden. Aber die größte persönliche Überzeugungskraft lässt sich, wie aus dem bisher gezeigten deutlich wird, aktivieren, wenn man selbst von etwas überzeugt ist. Mit leuchtenden Augen und einem lustvoll-motiviertem Auftreten springt am leichtesten der Funke über. Fragen Sie sich deshalb immer zuerst, was Sie persönlich eigentlich wirklich wollen und was Ihr Beitrag zu einer Sache oder Angelegenheit sein könnte. Oft ist Ihnen das dann auf Anhieb klar, manchmal erfahren Sie es aber auch am leichtesten, wenn Sie sich im vertrauten Gespräch mit Ihrem Partner zu Hause zuhören:

> *„Da soll ich jetzt eine Präsentation zum Thema Zukunft machen* und mir ist schon klar, was die hören wollen,dass sie nämlich alles richtig machen. Das ist aber völliger Unsinn, was die machen, die bleiben mit all ihren Geschäften auf den nationalen Bereich beschränkt und

> scheuen sich, international tätig zu werden. Wenn die aber nicht in den nächsten zwei Jahren endlich die Kurve kriegen, auch international tätig zu werden, zieht die Konkurrenz völlig an uns vorbei und wir können den Laden dicht machen! Aber das kann ich denen gar nicht sagen, von denen kann keiner englisch, das wollen die nicht hören."

Und wenn Sie sich dann überlegen, wie Sie die Botschaft, die Sie persönlich für sich schon gefunden haben, kommunizieren können, dann sind Sie auf dem richtigen Weg.

Fragen Sie nicht „ob", sondern „wie" Sie etwas sagen können

Fragen Sie entsprechend nie, ob Sie etwas sagen können, sondern suchen Sie stattdessen ausgiebig und konsequent nach Möglichkeiten, wie Sie etwas, von dem Sie vermuten, dass es keiner wirklich hören will, trotzdem sagen können, und stellen Sie sich die Antwort darauf zur Aufgabe. Sie werden staunen, wie leicht das dann gehen kann:

> Ein *Unternehmer* suchte mich für die Vorbereitung einer Rede zur *Hochzeit seiner Tochter* auf und erzählte mir, dass er eigentlich davon enttäuscht sei, dass sein künftiger Schwiegersohn nichts Besonderes zu bieten habe und eigentlich nicht der Prinz sei, den er sich für seine Tochter gewünscht hätte. Aber das könne er ja nicht sagen, und er fragte mich, ob ich ihm nicht ein paar schöne Sätze über die Liebe vorformulieren könne. Da fragte ich ihn nach seiner eigenen Verlobungszeit und er berichtete, dass er damals schwer krank und noch ohne Berufsabschluss gewesen sei. Der Hausarzt seines Schwiegervaters habe seiner Braut sogar ausdrücklich abgeraten, ihn zu heiraten.
>
> Für seine Rede konnte ich dann aus seinen verschiedenen authentischen Aussagen zusammenfassen und formulieren:
>
> „Als Vater wünscht man sich für seine Tochter einen Prinzen. Als ich Dich, Markus, zuerst kennengelernt habe, kamst du mir nicht wie ein Prinz vor. Aber dann habe ich mich erinnert, wer ich zu meiner Verlo-

bungszeit gewesen bin: ein kranker junger Mann ohne Berufsabschluss. Wenn ich nun dich und mich einmal als Heiratskandidaten nebeneinander stelle und frage, wer von den beiden ist denn der Prinz, dann kann ich nur sagen: „Das bist du. Du bist der Prinz! Du bist ein gesunder und aufrechter Mann mit Beruf und strahlenden Lächeln. Und du liebst meine Tochter und sie liebt dich. Dann nehmt einander doch als Mann und Frau und seid glücklich miteinander. Meinen Segen dazu sollt Ihr hiermit haben."

Wagen Sie die Übertreibung

Wenn man das durchschnittliche Alltagsengagement der meisten Leute mit dem Stärkegrad 3 ansetzt, müsste eine Rede oder eine Präsentation vermutlich mit Stärke 5 ankommen, um Verhaltensänderungen zu bewirken. Um eine Wirkung der Stärke 5 zu erzielen, müssten Sie aber, wie bei dem Echo, selbst ein Engagement der Stärke 7 einbringen.

In dieser Stärke aber fühlen sich viele Sprecher zu weit von ihrem eigenen vertrauten Alltagsverhalten entfernt und empfinden ihr Engagement in Stärke 7 als übertrieben und peinlich und lassen sich durch Schamgefühle auf Stärke 4 zurückholen. Entsprechend gering ist dann auch die Wirkung einer solchen Rede.

Verstärken Sie also Ihr Verhalten probeweise um 20 Prozent und trauen Sie sich in den Bereich vor, den Sie von innen her als übertrieben empfinden würden. Bei den meisten Menschen klafft eine deutliche Differenz zwischen innerem Empfinden und äußerer Wirkung. Mit 20 Prozent vermeintlicher Übertreibung kommen sie noch nicht an die Grenze, ab der die Zuhörer ein Verhalten als übertrieben empfinden. Hier geht es ausdrücklich nicht darum, etwas anderes nach draußen zu bringen, als man innerlich meint und will, sondern es gegen die eigenen Hemmungen durchzusetzen.

Zusammenfassung

Andere Menschen empfangen empathisch Ihre inneren Empfindungszustände und bilden sich daraus einen Gesamteindruck über Ihre Authentizität und Glaubwürdigkeit.

Ihre Vertrauenswürdigkeit hängt entsprechend stark von Ihrer Zentriertheit und Balanciertheit ab. Ihre Wirkung hängt nur teilweise von Ihren Worten ab, Sie wirken nonverbal mit Ihrem ganzen Körper-Geist-Seele-System.

Überzeugungskraft entsteht aus der Bereitschaft und Fähigkeit, sich selbst engagiert mit seiner eigenen inneren Überzeugung in eine Kommunikationssituation einzubringen und sie so zu gestalten, dass die Zuhörer die angebotenen Inhalte gern aufgreifen und sich mit ihnen identifizieren können.

3. Sprachliche Mittel des Überzeugens

Glaubwürdigkeit ist eine Voraussetzung. Sie ist notwendig, aber nicht zureichend, um zu überzeugen. Sie müssen weitere Mittel einsetzen, um andere Menschen konkret zu überzeugen. Fügen wir nun also zum Eindruck Ihrer Persönlichkeit die verbalen Mittel des Überzeugens hinzu. Was auch immer Sie mittels Kommunikation transportieren wollen, bedarf auch der Worte und der Sprache. Wenn Sie deren vielfältige Möglichkeiten auf dem Fundament Ihrer glaubwürdigen Persönlichkeit verwenden, können Sie damit viele Weichenstellungen auf dem Weg zu anderen Menschen und in ihnen vollziehen.

Grundformen überzeugenden Sprechens

Sprache ist Form. Etwas, das zunächst als eher nebulöse Idee im Geist ist, gewinnt erst im Prozess der sprachlichen Formulierung Klarheit und eine konkrete Form. Und wie ein Schlüssel die richtige Form haben muss, um ein Schloss zu öffnen oder zu schließen, so müssen Sie auch in Ihrem Sprechen die richtigen Wort-, Satz- und Kommunikations-Formen finden und schaffen, um die Herzen von Menschen für das eine zu öffnen und das andere zu verschließen. Sie betreiben also auch in dieser Hinsicht gewissermaßen dasselbe Handwerk, das die Magie betreibt, wenn sie Zaubersprüche herzustellen versucht, dass heißt Sätze, die genau das bewirken, was sie bewirken sollen.

Schauen wir uns also hier gemeinsam einige wesentliche Grundformen an, die Ihnen in Ihrer Kommunikation helfen können.

Die Unterscheidung zwischen Gespräch und Rede

Wenn Sie mit einem einzelnen Gesprächspartner sprechen, können Sie sich jederzeit mit ihm darüber verständigen, ob er versteht, was Sie sagen, und ob er einverstanden ist. Sie können ihn nach seinen Gedanken und Ideen zu einem Thema fragen, daran anknüpfen und sich mit ihm einen lebendigen Kommunikationsprozess begeben. Der wird umso befriedigender sein, je mehr neue Ideen und Aspekte darin auftauchen. Ein solches Gespräch kann ein kreativer Prozess sein.

Wenn sich dagegen so viele Menschen treffen, dass sie nicht alle gleichzeitig an einem Gespräch teilnehmen können, erweist sich eine Rollenteilung zwischen Sprecher und Zuhörer als sinnvoll und notwendig. Als Sprecher können Sie dann einen größeren Zusammenhang ausführlicher schildern und versuchen, dabei Einfluss auf Ihre Zuhörer zu nehmen. Da Unterbrechungen in diesem Setting nicht eingeplant sind, ist für Sie eine solche Redesituation zudem eher planbar und Sie können Sie auf einem höheren Anspruchsniveau gestalten.

In dieser Situation stehen Sie weitgehend alleine vor Ihren Zuhörern und müssen ohne deren permanentes Feedback einigermaßen zutreffend einschätzen, wie deren Interessenlage und Neigung zum Zuhören ist, was diese Menschen unterhält und was sie dazu bringen kann, das zu tun, was Sie ihnen vorschlagen.

Die Schwierigkeit dabei ist nicht in erster Linie das Reden selbst, sondern die Aufmerksamkeit seiner Zuhörer zu gewinnen und zu behalten. Die Reaktionen eines größeren Publikums sind oft gering. Als Sprecher haben Sie oft nur eine schweigende Masse vor sich. Achten Sie darauf, nicht auf dieses Schweigen zu reagieren und sich entmutigen zu lassen und selbst immer leiser zu werden, sondern seien Sie sich bewusst, Sie sind der Rufer und die anderen sollen das Echo sein. Wenn Sie deutlich genug auf allen Ebenen rufen, wird die Wirkung nicht ausbleiben und Ihre Zuhörer werden Ihnen auf allen Ebenen die entsprechende Resonanz entgegenbringen.

Mehr als bei Gesprächen mit einzelnen Personen ist für die sinnvolle Vorbereitung einer Rede die richtige Einschätzung von Vorwissen, Bedürfnissen und Motiven einer Gruppe wichtig. Dazu können Ihnen Vorgespräche mit jemandem, der die Gruppe kennt oder mit mehreren aus der Zuhörergruppe hilfreich sein.

Für das Sprechen vor großen Gruppen gelten zusätzlich folgende Grundsätze:

- Je größer die Menge der Zuhörer ist, desto langsamer sollten Sie sprechen.
- Je mehr Zuhörer anwesend sind, desto kürzer sollten Ihre Sätze sein.
- Je größer eine Gruppe ist, desto dringender sind längere Pausen zwischen den Sätzen.
- Spitzen Sie Ihre Aussagen auf klare Pointen hin zu.
- Geben Sie Ihren Zuhörern zwischendurch Gelegenheiten, zu lachen und/oder Zustimmung zu signalisieren (Applaus).
- Zum Einstieg sollten Sie Sätze wählen, denen eine allgemeine Zustimmung sicher ist.
- Problematische Aussagen und Behauptungen, bei denen Widerstand zu befürchten ist, sollten Sie als Fragen stellen.
- Nummerieren Sie Aussagefolgen (höchstens bis fünf) und erleichtern Sie Ihren Zuhörern durch klare Strukturierung die Orientierung.
- Schaffen Sie Klarheit, indem Sie Gegensätze, Polarisierungen und Alternativen deutlich herausarbeiten.
- Je größer eine Gruppe ist (selbst wenn sie aus lauter Fachleuten besteht), desto mehr sollten Sie sich bemühen, komplizierte und komplexe Verhalte vereinfacht darzustellen.

Die dialogische Form

Jemand, der im besten Sinn als glaubwürdig akzeptiert wird, muss nicht automatisch ein guter Sprecher sein. Er könnte bei der inhaltlichen Vermittlung seiner Botschaft unklar bleiben und das Ziel seines Überzeugungsversuchs verfehlen. Selbst wenn Zuhörer glauben, dass ein Sprecher von dem überzeugt ist, was er sagt, bedeutet das nicht zwangsweise, dass sie selbst nachher auch davon überzeugt sind. Vielleicht ist nämlich die Frage: „Was geht uns das an?" nicht gestellt oder zufriedenstellend beantwortet worden. Um das zu leisten, müssen Sie Ihre Botschaft in einen Zusammenhang mit den Interessen und Gefühlen Ihrer Zuhörern bringen und ihnen klar machen, dass sie betroffen sind.

Viele Sprecher bemühen sich primär darum, Zuhörer durch ihre Redeleistung zu beeindrucken. Der Applaus gilt dann nachher der Rhetorik, aber nicht der Botschaft. Wenn Zuhörer nach einer Rede sagen: „Das war rhetorisch brillant!", haben Sie Ihr Ziel noch nicht erreicht. Dazu müssten Ihre Zuhörer sagen: „Ja, da hat er/sie Recht, das machen wir jetzt!".

Sie müssen also Ihr Anliegen in den Erfahrungs- und Verstehenshorizont Ihrer Zuhörer übersetzen. Das kann deren Muttersprache sein, kann aber für ein Fachthema auch bedeuten, es aus einer „fachlichen" in eine „laienverständliche" Sprache zu übersetzen, „Sachliches" „psychologisch" geschickt zu vermitteln oder „Abstraktes" in eine „konkrete" und „personenzentrierte" Mitteilungsform umzuformen.

Überzeugt haben Sie Ihre Zuhörer:

- wenn sie verstanden haben, was Sie sagen wollen,
- wenn sie Ihnen glauben, dass Sie selbst von der Richtigkeit und Bedeutsamkeit Ihrer Aussagen überzeugt ist,
- wenn sie spüren, dass es um ihre Interessen und Bedürfnisse geht und
- wenn sie erkennen, dass Sie ihnen eine nützliche Idee anbieten.

Um das zu erreichen, müssen Sie sich als Sprecher vorab über die Motive, Bedürfnisse und Interessen Ihrer Zuhörer klar werden und sich überlegen, wie Sie das, was Sie ihnen anzubieten haben, damit verknüpfen.

Da monologische Sprechformen (Reden, Vorträge, Referate, Präsentationen) und erst recht fertig vorformulierte und abgelesene geistige Ergüsse häufig steif und unkommunikativ wirken, ist es umso wichtiger, dass Sie Ihren Zuhörern aktiv einen lebendigen Bezug zu dem, was Sie ihnen sagen, herstellen.

Was interessiert es Ihre Zuhörer schon, dass Sie eine tolle Reise auf die Bahamas gemacht haben!? Selbst wenn Sie noch so anschaulich davon berichten, werden Sie erleben, dass Sie auf Desinteresse und müdes

Gähnen stoßen. Es gibt einen einfachen Trick, das zu vermeiden: Sprechen Sie nicht über sich und Ihren Urlaub, sondern darüber, wohin es sich für Ihre Zuhörer lohnen könnte, einmal eine besonders exotisch-schöne Reise zu machen. Die Einleitung zu einer Rede könnte dann lauten:

„Wenn Sie sich noch nicht entschieden haben, wo Sie das nächste Mal einen ganz außergewöhnlichen Urlaub machen können, und dabei folgende Ansprüche stellen ... oder sich Folgendes wünschen und erträumen ..., dann kann ich Ihnen dafür einen Tipp geben ...“

Und dann kann Ihr Reisebericht folgen. Er sollte möglichst so formuliert sein, dass Ihre Zuhörer sich selbst als Reisende und Handelnde sehen. Muten Sie Ihren Zuhörern nicht zu, sich Sie in Badehose am Strand vorzustellen, sondern setzen Sie sie selbst an den Strand oder in ein Boot.

Nicht: „Ich bin dort Motorboot gefahren“, sondern: „und wenn Sie wollen, können Sie sich da auch ein Motorboot mieten“.

Mit einer solchen Ansprache wecken Sie die Emotionen Ihrer Zuhörer und lassen einen Film in deren Kopf ablaufen. Mit dieser „Sie-Form“ können Sie eine Brücke zu Ihren Zuhörern bauen und Ihre Botschaften, etwa den Verkauf einer Reiseversicherung, relativ leicht transportieren.

In diesem Sinn können Sie eine monologische Situation leicht dialogisch gestalten. Sprechen Sie direkt von Mensch zu Mensch und geben Sie Antworten auf mögliche Fragen oder bieten Lösungen für deren potenzielle Probleme an.

Technisch ausgedrückt sollten Sie von Beginn Ihres Sprechens an Sätze überwiegend in *„Sie-Form“* auf Ihre Zuhörer hin ausrichten:

„Die meisten von *Ihnen* werden vermutlich ...“
„Wenn *Sie* sich einmal vorstellen, ...“
„Um eine Antwort darauf zu finden, müssen *Sie* ...“
„Wenn *Sie* dann noch berücksichtigen ...“
„Wenn *Sie* mich nun fragen ...“

Erst wenn durch diese „Sie-Form“ die thematisierte Frage als Problem der Zuhörer etabliert ist, können Sie sich als Sprecher gegebenenfalls noch zusätzlich in der „Ich-Form“ einbringen und Ihren Aussagen damit mehr Nachdruck verleihen:

> „*Ich* halte es für wichtig, dass *Sie* ...“
> „Wenn *Sie* das nun wollen, dann meine *ich* ...“
> „*Ich* warne *Sie* allerdings davor, dass *Sie* ...“

Insgesamt sollten Sie die *Ich-Form* im Verhältnis zur *Sie-Form* allerdings sparsam einsetzen. Ihre Adressaten müssen deutlich im Vordergrund stehen.

An dieser Stelle sei ausdrücklich davor gewarnt, zu häufig in der *Wir-Form zu sprechen.* Damit wird oft eine Gemeinsamkeit suggeriert, die, selbst wenn sie faktisch bestehen sollte, emotional noch nicht empfunden wird. Die psychologische Leistung einer Rede kann genau darin bestehen, dieses „Wir-Gefühl“ herzustellen. Das gelingt am besten, wenn Sie als Sprecher die Teilnehmer in der „Sie-Form“ individuell anreden, sich zusätzlich als Person in der „Ich-Form“ mit einbringen und dann zum Schluss der Rede aus der Polarität von „Sie“ und „Ich“ ein „Wir“ erzeugen:

> *„Wenn also jeder von **Ihnen** darin mit **mir** übereinstimmt, dass ..., dann können **wir** gemeinsam ...“*

Das „Wir“ wird so als Ausdruck eines durch die Rede intensivierten Gruppengefühls. Es wird erst im letzten Teil einer Rede richtig platziert sein:

> ***Sie* + *Ich* = *Wir***

Als Grundmaßstab mag für eine Rede gelten:

> *Verwenden Sie zu 80 Prozent „Sie“, zu 15 Prozent „Ich“ und nur zu 5 Prozent „Wir“.*

Der Sprecher als Problemlöser der Zuhörer

Sie sollten niemals eine Rede über ein *Thema* halten. Mit der Fixierung auf ein „Thema" beschränken Sie die Kommunikation auf die Sachebene und ignorieren die Ebenen der Beziehung und der Motivation. Bauen Sie lieber zuerst Brücken auf der Beziehungsebene und verwenden Sie die Motive beider Seiten als Fundament und Anlass einer Rede. Sprechen Sie dann über Probleme, die Ihre Zuhörer vielleicht haben oder auf jeden Fall irgendwann einmal haben könnten, und verkaufen Ihr Produkt oder Ihre Idee als bestmögliche Lösung dafür. Was vorher ein „Thema" zu sein schien, wird dann zu einem Spannungsbogen zwischen Problem und Lösung. Damit wird auch klar, warum Ihnen jemand zuhören sollte: weil er sich einen persönlichen Gewinn und Nutzen davon versprechen kann. „Notwendig" wird Ihr Sprechen, wenn Sie eine „Not wenden" helfen.

Wie Sie Ihre Zuhörer gewinnen

Bedienen Sie die Interessen und Motive Ihrer Zuhörer

Da Menschen eigene Bewegungsfähigkeit besitzen, sollten Sie beim Reden versuchen, Ihre Zuhörer zu veranlassen, sich aus eigener Kraft in die Richtung zu bewegen, die Sie vorschlagen. Sie sollten dafür an die vorhandene Bewegungsenergie Ihrer Zuhörer, und das heißt an deren Motivation, anknüpfen.

Grundmotive, die sich bei allen Menschen finden und die Sie im Allgemeinen ansprechen und auslösen können, sind:

- die Erfüllung der physischen Grundbedürfnisse wie Essen, Trinken, Schlafen, Atmen, Sexualität,
- die Erfüllung psychischer Grundbedürfnisse wie Zuwendung, Anerkennung, Selbstverwirklichung, Sicherheit, Geborgenheit, Glück.

Umgekehrt kann man Menschen durch die Angst, diese Bedürfnisse nicht erfüllt zu bekommen, ebenfalls veranlassen, sich zu bewegen. Daher ist es für Sie als Sprecher wichtig, Ihren Zuhörern angepasst an Ihr Redeziel Folgendes klarzumachen:

- Ein Grundbedürfnis ist nicht zureichend erfüllt, bzw. seine Erfüllung ist auf irgendeine Art und Weise bedroht oder eine größere Befriedigung als bisher wäre erreichbar.
- Die Zuhörer müssen zu ihrem eigenen Schutz oder Nutzen etwas unternehmen.
- Sie kennen eine Lösung, die geeignet ist, das aufgezeigte Bedürfnisproblem zu lösen.
- Der vierte Schritt besteht dann darin, Ihren Zuhörern klarzumachen, dass sie zur Lösung des Problems den aufgezeigten Lösungsweg selbst gehen müssen.

Grundsätzlich ist es ausreichend, an ein einziges Grundbedürfnis anzuknüpfen. Der aufgezeigte Weg gilt nicht nur für flammende Volksreden, sondern genauso für Fachvorträge, wenngleich man solche Vorträge selten hört. Gerade Fachleute versäumen es wegen ihrer eigenen Faszination an einem Thema häufig, ihren Zuhörern klarzumachen, was die mit den vermittelten Informationen anfangen sollen.

Eine Rede im gezeigten Sinn könnte folgende *Grundformen* haben:

> Wenn *Sie* folgendes *Problem* haben, ...
> sollten Sie aus folgenden *Gründen* …
> folgende *Lösungsmöglichkeiten* bedenken und vollziehen ...

oder:

> Wenn Sie vermeiden wollen, das folgende *Problem* zu bekommen, …
> dann müssen Sie Folgendes *wissen* ...
> Und wenn Sie als *Konsequenz* daraus umsetzen, …
> werden Sie folgende *Lösung* … erreichen.

Viele Fachvorträge beschränken sich auf den Wissen vermittelnden Teil und unterlassen die Anknüpfung an die Motive der Zuhörer. Darin liegt aber Ihre besondere Chance.

Erarbeiten Sie sich Vertrauen und Sympathie

Da die meisten Menschen sich vor allem für sich selbst interessieren und in ihren eigenen Gedanken- und Vorstellungswelten, Erwartungen, Sorgen und Ängsten leben, bevorzugen sie es, darüber zu sprechen und etwas darüber zu hören. Vertrauen und Sympathie empfinden sie entsprechend vor allem gegenüber Menschen, die sich ihren Interessen zuwenden. Auf die Vorschläge solcher Menschen/Sprecher werden sie sich am ehesten einlassen. So gewinnt das bisher Gesagte in diesem Sinn noch ein zusätzliches Gewicht. In Ihrer Vorbereitung sollten Sie sich deshalb immer ganz zu Beginn fragen, was Ihre Zuhörer beschäftigen mag und wie Sie ihnen klarmachen können, das selbst etwas, das zur Zeit nicht akut ist, sie doch jederzeit betreffen könnte.

Über Glaubwürdigkeit wurde schon gesprochen. Sie hängt mit der Identifikation eines Sprechers mit seinen Inhalten und den daraus folgenden körpersprachlichen Ausdrucksweisen zusammen. Sie trägt in dem Maß zu einer sympathischen Wirkung bei, wie Sie sie beim Sprechen zum Ausdruck bringen können. Ihr Engagement für Ihre Zuhörer und deren Probleme, die Wertschätzung, die Sie dabei ausdrücken, lässt Sie als sympathisch und vertrauenswürdig erscheinen.

Hinzu kommt Ihre äußere Erscheinung. Auch sie prägt Ihre Wirkung mit. Deshalb ein Wort zur Kleidung. Grundsätzlich empfiehlt es sich, sich so zu kleiden, dass Sie bei Ihren Zuhörern nicht von vornherein auf Ablehnung oder Befremden stoßen. Sie sollten also gewisse Konventionen beachten. Dabei ist es für den Einstieg erleichternd, wenn Sie eher etwas unter dem Durchschnitt Ihrer Zuhörer gekleidet sind, tendenziell eher unauffällig und der Konvention entsprechend. Sie erregen dann weder Widerstand noch wecken Sie überhöhte Erwartungen. Auf dieser Basis können Sie dann leicht Erwartungen übertreffen und sich steigern. Eine gewisse Originalität im Detail ist durchaus vertretbar, aber Sie sollten nicht versuchen, Ihre Zuhörer durch Ihre Kleidung zu beeindrucken, das sollten Ihre Worte bewirken.

Für Männer noch folgender Zusatz: Gemäß der klassischen Konvention spricht man mit geschlossenem Jackett. Psychologisch drückt es aber eine Zuwendung und Öffnung gegenüber Ihren Zuhörern aus, wenn Sie (mindestens im Verlauf des Sprechens) Ihr Jackett öffnen. Sie können sich dann auch mit Ihrer Gestik freier bewegen. Auf keinen Fall sollten Sie aber Ihr Jackett vor den Augen Ihrer Zuhörer zuknöpfen und sich damit gewissermaßen symbolisch verschließen und als zugeknöpft präsentieren.

Bieten Sie Ihren Zuhörern Identifikationsmöglichkeiten

Menschen identifizieren sich mit vielem, vor allem mit sich selbst und ihresgleichen. Sofern Sie also wollen, dass Ihre Zuhörer sich mit Ihnen identifizieren, sollten Sie sich zunächst nicht als wesentlich anders, darüberstehend oder unterlegen, zeigen. Das bedeutet für Ihre rhetorischen Auftritt, es ist meist eher nachteilig, als blendender und brillanter Rhetoriker zu erscheinen. So fühlen sich Ihre Zuhörer nicht auf Augenhöhe und könnten gegenüber einer überlegenen Person Ressentiments entwickeln und eine negative Distanz empfinden.

Beginnen Sie also eher im Plauderton. Das sollte dann nicht das dauerhafte Niveau Ihres Sprechens sein. Auf dieser Basis können Sie sich aber wirkungsvoll steigern und sich Ihren Zuhörern als engagiert und ausdrucksstark präsentieren. Auch hier sollten Sie beachten, dass Sie Ihre Leistung nur soweit steigern, dass die Verbindung zwischen Ihnen und Ihren Zuhörern nicht abreißt. Das könnte dann passieren, wenn diese empfänden: „Der Sprecher ist so viel besser als normale Sterbliche, dass für uns unerreichbar und fern ist.“

Wenn bei einer Umfrage vor einer Wahl der Kandidat hohe Werte bei der Frage erhält: „Würden Sie von diesem Menschen einen Gebrauchtwagen kaufen“, dann ist das eine Anerkennung seiner Volksnähe und Ähnlichkeit.

Weitere Identifikationsmöglichkeiten bieten Sie, wenn Sie bei Bekanntem beginnen und Ihre Gedanken von dort zu Unbekanntem entwickeln. Das geschieht, wenn Sie auf etwas Vertrautes eine Lupe oder ein Mikroskop richten, oder Metaphern benutzen. Sie wirken deshalb so stark, weil sie etwas Einfaches und Vertrautes mit Unbekanntem und Komplexem analog verbinden.

Durch die Sie-Form können Sie ohnehin mit allgemeinen Aussagen sehr konkrete Bilder im Kopf anderer Menschen auslösen und dann Regie in den Filmen in den Köpfen dieser Menschen führen:

> „Wenn Sie sich einmal den *schönsten Garten* vorstellen, den Sie sich ausmalen können, und sich darin mit Ihrem *Lieblingstier* umherbewegen, werden Sie sich vermutlich sehr wohl dort fühlen."

Diese Worte können dann im Kopf des einen Zuhörers einen Film ablaufen lassen, in dem er sich mit seinem Terrier in einem Rosengarten spazierengehen sieht, während ein anderer Zuhörer sich mit seiner Katze auf der Schaukel in einer von Fliederbüschen umrahmten Wiese sieht. Der beabsichtigte Effekt, dass sich beide Zuhörer wohlfühlen, ist damit erreicht. Wenn Sie nun diese Idyllen als durch eine Klimakatastrophe bedroht schildern, sieht der eine seine Rosen und der andere seinen Flieder welken.

Gewinnen Sie Aufmerksamkeit von Anfang an

Schaffen Sie einen Zustimmungs-Trichter

Psychologisch sollten Sie Ihre Zuhörer so ansprechen, dass sie sich möglichst jederzeit gemeint fühlen und jederzeit zustimmend nicken können. Später können Sie diese Zustimmung dann leicht auf weitere Aussagen und Schlussfolgerungen übertragen.

Das wird Ihnen am besten gelingen, wenn Sie Ihre Zuhörer auf ein Problem aufmerksam machen, das jeder von ihnen vermutlich hat oder mindestens irgendwann einmal haben könnte. Es ist naheliegend, dass über die Brisanz einer Fragestellung leichter Einstimmigkeit zu erzielen ist als über eine bestimmte Lösung dafür.

Einen psychologischen *„Zustimmungs-Trichter"* können Sie erzeugen, indem Sie Ihre Zuhörer von Aussagen, denen sie leicht zustimmen können, Schritt für Schritt zu Einsichten führen, denen sie spontan vielleicht nicht zugestimmt hätten.

Um sicher zu gehen, dass wirklich alle jederzeit zustimmen können, sollten Sie zu Beginn Formulierungen wie die Folgenden verwenden:

> *„Die meisten von Ihnen werden vermutlich ... (zum Beispiel: ein Auto) haben ..."*
>
> *„Falls Sie einmal in die Situation kommen sollten, dass ..."*
>
> *„Wenn Sie sich vorstellen, Sie hätten ..."*

Selbst diejenigen, die kein Auto haben, müssen dann trotzdem zustimmen, dass die meisten Anwesenden vermutlich eines haben. Solche Formulierungen helfen Ihnen, Widerstände zu vermeiden, die bei Formulierungen wie: „Sie alle haben sicher ein Auto" leicht auftreten können. Jeder könnte dann einfach laut: „Nein" oder: „Ich nicht" sagen und hätte die Lacher auf seiner Seite.

Unbedingt vermeiden sollten Sie es, Ihre Zuhörer direkt zu Beginn einer Rede mit Ihrer These oder Forderung zu konfrontieren und sie dann erst im Folgenden zu begründen. Sie gäben Ihren Zuhörern damit Gelegenheit, schon jetzt all ihre Vorurteile, Einwände und Gegenargumente zu aktivieren, noch ehe Sie Ihre Argumente gehört haben. Das Risiko steigt damit, dass Ihnen vermeidbarer *Widerstand* entgegengebracht wird. Die Aufmerksamkeit Ihrer Zuhörer für später hinzugefügte Begründungen und entsprechend deren Wirkung wird jedenfalls so erheblich gemindert, dass Sie damit nicht mehr viel Meinungsänderung erreichen werden.

Verwenden Sie stattdessen die bereits gezeigte argumentative Reihenfolge vom Problem zur Lösung. Dann ist Widerstand kaum noch möglich. Das, worauf Sie hinaus wollen und worauf es Ihnen ankommt, bleibt dabei bis zuletzt unbekannt und ergibt sich erst zum Schluss als Ergebnis eines sinnvollen Gedankengangs.

Da Menschen sowohl für ein Problem, mit dem sie sich identifizieren, gern eine Lösung haben wollen als auch neugierig darauf sind, worauf Sie eigentlich hinaus wollen, sichert Ihnen diese „Offenheit der Lösung“ die Neugier und Aufmerksamkeit Ihrer Zuhörer bis zum Schluss.

Heben Sie Ihre Botschaft hervor

Häufig werden Reden mit Formulierungen eingeleitet wie:

„Wie mein Vorredner bereits sagte ...“

„Ich möchte ebenfalls etwas zu der Frage sagen, ...“

„Wie Sie den Medien ja bereits alle entnommen haben werden, ...“

All das führt dazu, dass Sie auf jemand anderen als Autorität in dieser Frage hinweisen und sich und Ihren Beitrag an bereits Bekanntes anlehnen. Das hebt Ihre Botschaft weder heraus noch reizt es Ihre Zuhörer zur Neugier und Aufmerksamkeit. Wenn Sie sich selbst und Ihre Worte für unbedeutend erklären, brauchen Sie sich nicht zu wundern, wenn Ihre Zuhörer abschalten. Geben Sie lieber ein bisschen mehr Gas und heben Sie Ihre Botschaft klar heraus. Vielfach können Sie die Aufmerksamkeit mit diesen oder ähnlichen Formulierungen erfolgreich auf sich ziehen:

„Was mein Vorredner Ihnen nicht gesagt hat, ist ...“

„Es ist mir ein großes Anliegen, Ihnen etwas Wichtiges zur Frage ... zu sagen:“

„Was Sie den Medien nicht entnehmen konnten, ist, ...“

Manche Sprecher tasten sich auch erst umständlich an ihr Thema heran und beginnen ihre Ausführungen bei „Adam und Eva“ oder vor der Erfindung des Internets. Solche Zumutungen an die Geduld Ihrer Zuhörer können Sie sich eigentlich sparen. Wecken Sie lieber die Lust und das Interesse Ihrer Zuhörer, indem Sie das Besondere und Einzigartige Ihres Beitrags herausstellen.

Starten Sie daher immer direkt und ohne Floskeln; sprechen Sie die Zuhörer und/oder Ihr Thema klar an. Wenn Sie Ihre Zuhörer schon mit Ihren ersten Worten wecken und abholen, haben Sie eine gute Chance, dass sie in Bewegung bleiben und Ihnen folgen. Statt mit:

„Meine Damen und Herren ...“,

starten Sie vielleicht lieber mit:

„Wussten Sie eigentlich, dass die meisten Menschen auf dieser Welt an Herzversagen sterben? Und wissen Sie, wie Sie das für sich persönlich leicht vermeiden könnten?“

Wenn Sie mit solchen Sätzen beginnen, treten Sie sofort mit Ihren Zuhörern in Beziehung und Interaktion. Kleine positive „Schocks“ zu Beginn sind besonders dann sinnvoll, wenn Ihr Publikum schon durch langweilige Vorredner ermüdet ist.

Unterlassen Sie auch Entschuldigungen oder Hinweise auf Themen, über die Sie nicht sprechen werden. Beschränken Sie sich auf das, was Sie vorbereitet haben, steigen Sie direkt ein und erklären Sie das, was Sie sagen, zur wichtigsten Aussage.

Wie Sie Ihrem Sprechen Klarheit verleihen

Gliederung und Struktur

Das Skelett einer Rede ist ihre Gliederung. Sie trägt das restliche Gewebe und hat die Aufgabe, Ihrem Sprechen mittels logischer Struktur Klarheit zu verschaffen. Wenn Sie klar gliedern, können einerseits Ihre Zuhörer Ihren Gedankengängen besser folgen, andererseits versetzt Sie das als Sprecher auch in die Lage, Ihre Gedanken und Argumente in einem sinnvollen und folgerichtigen Zusammenhang zu überblicken. Mit einer guten Gliederung können Sie erreichen, dass der „rote Faden“ Ihres Gedankengangs von der Einleitung bis zum Schluss klar ersichtlich ist.

Selbst wenn Sie eine Rede inhaltlich logisch aufbauen, kann es vorkommen, dass Ihre Zuhörer den Zusammenhang und die Beziehung der einzelnen Punkte zueinander nicht erkennen. Sie wirken vielleicht wie ein unzusammenhängendes Sammelsurium von vielen Gedanken und Ideen. Häufig liegt das daran, dass die inhaltliche Struktur äußerlich nicht formal zum Ausdruck kommt.

Erst wenn Ihren Zuhörern der Gesamtzusammenhang klar wird, können sie eine Rede als geschlossene Einheit empfinden und auch die zum Schluss daraus gezogenen Schlüsse mit vollziehen.

Wie sollten Sie entsprechend die Struktur einer Rede entwickeln?

Erstens sollten Sie jede Rede mit allgemein anerkannten Aussagen beginnen und sie bis zum Schluss hin stetig zuspitzen. Dazu sollten Sie ein Problem Ihrer Zuhörer als Redeanlass nehmen und Ihre Rede davon ausgehend entwickeln. Wenn Sie dann im Hauptteil verschiedene Lösungsmöglichkeiten ausbreiten, können Sie Ihren Gedankengang schließlich nach Darlegung mindestens eines Entscheidungsgrundes zu einer Lösung bzw. einer Handlungsempfehlung als Schluss hin führen.

Zweitens sollten Sie beachten, dass die meisten Menschen gemäß den Erkenntnissen der Wahrnehmungspsychologie nur drei aufeinanderfolgende Gedankenschritte überschauen können. Mehr Schritte überfordern den durchschnittlichen Zuhörer und führen dazu, dass er die Übersicht verliert. Daraus ergibt sich, dass eine Rede, nimmt man Einleitung und Schluss hinzu, idealerweise aus fünf Gliederungspunkten bestehen sollte. Das stimmt überein mit den Empfehlungen der klassischen Rhetorik.

Drittens: Je nach Länge einer Rede können Sie jeden dieser fünf Hauptpunkte wiederum in fünf Gedankenschritte untergliedern.

Um Klarheit für Zuhörer zu schaffen, bieten manche Sprecher ihren Zuhörern eine ausführliche *Gliederung* an. Vielfach sind diese aber soweit untergliedert, dass man sie als *zergliedert* bezeichnen muss. Eine solche Art zu gliedern verwirrt und führt zur Desorientierung. Zur persönlichen Erarbeitung eines neuen Themas mag das „Zergliedern" durchaus nützlich sein, aber nicht, um Inhalte kommunikativ zu vermitteln.

Der Unterschied zwischen *Gliederung* und *Struktur* läßt sich so beschreiben:

Jede Struktur ist gegliedert ist,
aber nicht jede Gliederung hat eine Struktur.

Kennzeichen einer guten Struktur ist das ausgewogene Verhältnis zwischen Teil und Ganzem.

Das einzelne Element darf nicht unter zig anderen seine Individualität verlieren und untergehen, sondern muss eine deutlich erkennbare Funktion für den Gesamtzusammenhang haben. Das optimale Verhältnis zwischen Teil und Ganzem wird, wie schon erwähnt, bei *fünf Elementen* erreicht, die in klar definierten und logisch stringenten Bezügen zueinander stehen müssen.

Bei einer Rede sollten das fünf Gedankenschritte von etwa gleichem Umfang sein. Innerhalb jedes Gedankenschrittes kann dann eine weitere Unterstrukturierung nach der Maßgabe von je fünf Unterelementen vorgenommen werden. So ergibt sich als Alternative:

fünf Schritte oder: fünf mal fünf Schritte.

Damit eine solche Struktur nicht „rein geistig" bleibt, gehört zum wirksamen Sprechen zweierlei hinzu:

- „Sinnblöcke" sollten durch *Pausen* als „Geräuschblöcke" voneinander getrennt werden. Entsprechend gehören zwischen die fünf Hauptgedankenschritte längere Pausen. Falls diese Hauptgedankenschritte unterstrukturiert sein sollten, muss diese Unterstruktur gleichfalls durch Pausen verdeutlicht werden.
- Der Zusammenhang der einzelnen Gedankenschritte und ihr Bezug zueinander kann mit speziellen *Strukturworten* gekennzeichnet werden. Das kann beispielsweise so aussehen:
  - Das Problem ist ... dazu drei Aspekte: erstens ... zweitens ... drittens ...
  - Allgemein gilt ... das bedeutet für diesen Fall ... daraus ergibt sich ... deshalb ... darum ...
  - Die Frage ist ... einerseits ... andererseits ... wenn Sie hinzunehmen ... dann ergibt sich daraus ...

Gerade im letzten Fall können alternativ auch Worte verwendet werden wie:

- Erstens ..., zweitens ..., drittens ...;
- die einen sagen ..., die anderen sagen ...;
- Die Befürworter sagen ..., die Gegner sagen ...
- Einerseits ..., andererseits ...,
- entweder ... oder ...,
- sowohl ... als auch ...,
- deshalb;
- daraus folgt, etc.

Wichtig ist, dass die Zuhörer jeden neuen Gedankenschritt zu Beginn sofort in den Gesamtzusammenhang einordnen können.

Es lassen sich fünf sinnvolle mögliche Gliederungsstrukturen für den Hauptteil unterscheiden:

1. Die Kette

Die erste Gliederungsstruktur kann als „Kette“ bezeichnet werden. Der Gedankengang ist hier deduktiv aufgebaut: Nach der Schilderung des Problems wird aus einem Argument ein weiteres abgeleitet, aus dem wieder ein Argument abgeleitet wird, aus dem dann die Lösung als Schlussfolgerung gezogen wird. Die Grafik veranschaulicht das:

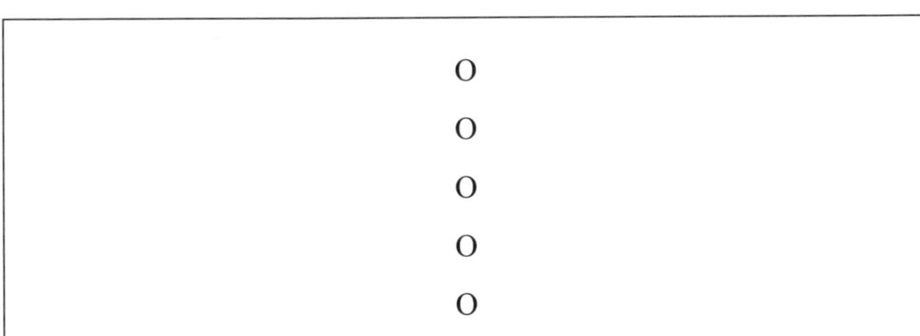

Beispiel:

(1) Was ist vom „Rauchen am Arbeitsplatz“ zu halten?

(2) Jeder der raucht, nimmt Nikotin und Kondensat auf.

(3) Das bedeutet, er führt seinem Körper Gifte zu.

(4) Diese Gifte führen zu einer erhöhten Krankheitswahrscheinlichkeit.

(5) Um solche Krankheiten zu vermeiden, soll Rauchen am Arbeitsplatz unterlassen werden.

Eine Variante davon ist:

O	Problemstellung
O	Situation in der Vergangenheit
O	Gegenwärtige Lage
O	Ziele für die Zukunft
O	Maßnahmen

2. Die Sammlung

Die zweite Gliederungsstruktur kann als „Sammlung“ bezeichnet werden. Aus drei gleichwertigen Argumenten wird dann die Schlussfolgerung gezogen.

O

O O O

O

Beispiel:

(1) Bei der Frage „Kernenergie – ja oder nein?“ sollten Sie die folgenden drei Aspekte betrachten:

(2) 1. Kernenergie ist gefährlich,

(3) 2. Die Entsorgung ist nicht gewährleistet und belastet die Umwelt und

(4) 3. Kernkraftwerke stellen brutale Eingriffe im Landschaftsbild dar.

(5) Aus allen drei Aspekten ergibt sich, dass die Kernenergie keine Zukunftstechnologie sein kann.

3. Der dialektische Aufbau

Die dritte Gliederungsstruktur bietet einen dialektischen Aufbau an, der seine Lösung in einer Synthese findet. Zu einem Problem (Einleitung) wird eine These formuliert (zweiter Schritt), der eine Gegenthese gegenüberstellt wird (dritter Schritt). Im vierten Schritt formulieren Sie dann die Synthese, in der die Argumente beider Seiten berücksichtigt werden. Daraus wird dann die Lösung abgeleitet (Schluss).

O

O O

O

O

Beispiel:

(1) Was ist vom Rauchen zu halten?

(2) Einerseits ist Rauchen ein Genuss.

(3) Andererseits macht Rauchen krank.

(4) Was ist zu tun? Einen gesunden Genuss finden!

(5) Vorschlag: Statt zu Rauchen, lassen Sie sich lieber mit einer schönen Massage verwöhnen.

4. Die Entscheidungsform

Die vierte Form unterscheidet sich vom „dialektischen Aufbau“ dadurch, dass hier nach der Darstellung von Pro und Contra im vierten Schritt ein Entscheidungsargument für die These bzw. Gegenthese eingeführt wird. Dadurch neigt sich die Waagschale klar zu einer Seite.

O

O O

O

O

Beispiel:

> (1) Was ist vom Rauchen zu halten?
>
> (2) Einerseits macht Rauchen Spaß.
>
> (3) Andererseits kann Rauchen die Gesundheit schädigen.
>
> (4) Da die Gesundheit aber als Voraussetzung für Spaß das höhere Gut ist,
>
> (5) sollten Sie ihr den Vorrang geben und besser nicht rauchen.

5. Die 25er-Struktur

Wenn Sie sich nun vorstellen, jeder der fünf Gedankenschritte würde im Vortrag eine Minute dauern, dann wäre ein Statement beziehungsweise eine Rede fünf Minuten lang. Nun gibt es aber Probleme oder Anlässe, die ausführlichere Darlegungen brauchen. Da kann es vorkommen, dass 50 Minuten schnell herumgehen. Eine in fünf Punkten strukturierte Rede reicht da nicht aus, um Zuhörern das Gefühl von Klarheit zu verschaffen. Besser ist es dann, wenn Sie jeden der fünf Gedankenschritte in sich selbst weiter unterstrukturiert. Dafür gelten dann die gleichen Prinzipien. Die Maßzahl ist die Fünf. Damit die Proportion der fünf Hauptpunkte nicht aus dem Gleichgewicht gerät, ist es dann notwendig, jeden der fünf Hauptpunkte in fünf Unterpunkte zu untergliedern. Damit ergibt sich die Zahl 25.

Wenn Sie sich nun die Mühe vorstellen, sich an 25 Punkten zu orientieren, wird klar, dass das nur gelingen kann, wenn sie in fünf mal fünf Punkten strukturiert und grafisch dargestellt sind. Am besten zeichnen Sie sich dafür die Gesamtstruktur mit allen Haupt- und Unterpunkten auf ein DIN-A4-Blatt und tragen auf jedem Punkt ein Stichwort ein. Wenn Sie dann jedes Stichwort als Auslöser für zwei Minuten Redezeit nehmen, können Sie leicht 50 Minuten gut strukturiert und für Ihre Zuhörer klar sprechen. Sie können dabei in den Unterpunkten die Formen nach Bedarf variieren:

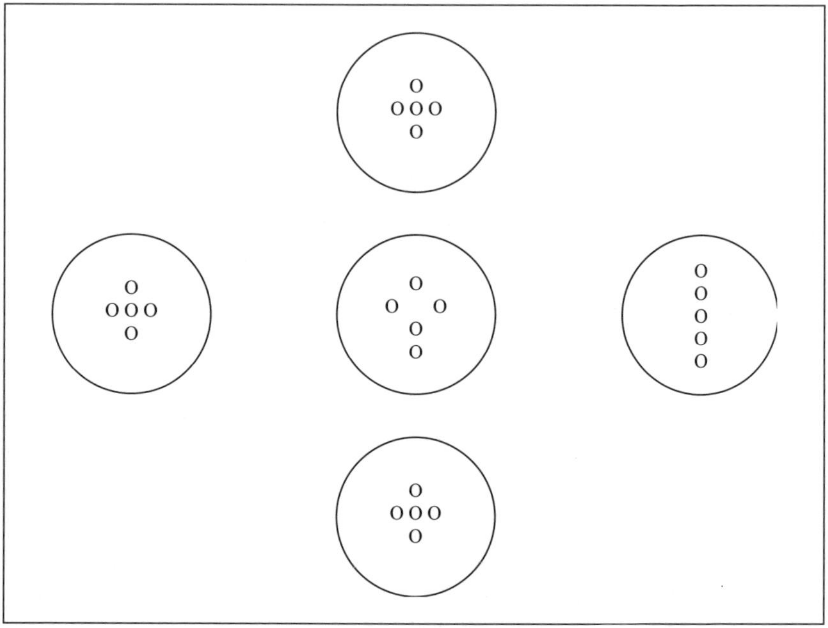

Ihr Schlusssatz

Alles, was Sie sagen, ist ein Mittel, um ein Ziel, Ihre Redeziel, zu erreichen. Also sollten Sie Ihr Konzept so anlegen, das Sie alles funktional auf dieses Ziel ausrichten. Fragen Sie sich nicht: „Was könnte man alles zum Thema sagen?" sondern: „Was ist notwendig, um meine Zuhörer zu diesem Ziel, zu dieser Einsicht, zu dieser Entscheidung zu bringen?"

Bei Ihrer Vorbereitung sollten Sie deshalb nicht vom Thema ausgehen, sondern sich zuerst überlegen, wohin Sie Ihre Zuhörer bringen wollen. Das ergibt dann das Ziel Ihrer Rede. Dieses Ziel sollte sich im Rahmen des in Ihrer Rede angeleiteten Gedankengangs am Schluss als für alle klar einsichtige Schlussfolgerung ergeben. Entsprechend klar und einprägsam sollten Sie Ihren letzten Satz formulieren. Dabei können Sie auf folgende Aspekte achten:

- Ihr Schlusssatz sollte die Intention Ihrer Rede, die argumentativ durch die drei Schritte im Hauptteil vorbereitet ist, präzise ausdrücken.

- In Ihrem Schluss-Satz können Sie alles, was Sie vorher gesagt haben, in eine klare Handlungsaufforderung bündeln:

  „Und wenn Sie das wollen, sollten Sie das tun!“

- Ihr letzter Satz sollte die klare Antwort auf das zu Beginn formulierte Problem sein. Achten Sie darauf, dass Ihre Rede in diesem Sinn eine in sich sinnvoll geschlossenen Einheit bildet.
- Während Sie sprechen können und sollten Sie bis zum Schluss hin die Intensität und Dichte Ihre Rede/Präsentation stetig steigern. Der Schlusssatz sollte dann als Höhepunkt dem Schlussakkord einer musikalischen Darbietung entsprechen.

Arten des Argumentationsaufbaus

Was ist Argumentation?

Der Begriff Argumentation leitet sich aus dem lateinischen Wort „argumentatio“ ab und bedeutet „Beweisführung“. Mit einem Argument wird eine These gestützt oder eine Gegenthese widerlegt beziehungsweise geschwächt. In der Regel spiegelt sich der Argumentationsaufbau in der Gliederung einer Rede wider.

Die Reihenfolge in der Argumentation

Während allerdings in einer mathematischen Beweisführung meist zuerst der zu beweisende Satz mitgeteilt wird und dann der Beweis dazu entwickelt wird, gilt in der rhetorischen Kommunikation die umgekehrte Reihenfolge:

- Erst die Zuhörer da abholen, wo sie sich gerade befinden und sie dann mit Argumenten Schritt für Schritt zu der angestrebten Einsicht (argumentationslogisch ist das die These) hinführen.

Verwenden Sie eine umgekehrte Reihenfolge, haben Ihre Argumente nur noch den psychologischen Wert einer Rechtfertigungen Ihrer Meinung.

Dieses Prinzip gilt für den Gesamtzusammenhang ebenso wie für jeden einzelnen kleinen Gedankenschritt: Bei der Vorstellung der „Fünf-Punkte-Struktur“ wurden jeweils im Hauptteil drei Argumente verwendet, die dann im fünften Punkt zur These als Lösung führten. Wenn Sie nun die einzelnen Argumente länger ausführen wollen, müssen Sie darauf achten, auch dabei die richtige argumentationslogische Reihenfolge zu wahren. Das Ziel ist dann, die Argumente nicht mehr nur zu behaupten, sondern selbst wieder argumentativ zu begründen und abzuleiten:

- Sagen Sie dann also nicht: „Kernkraftwerke sind gefährlich, weil ...“, sondern: „Wenn Sie sich erinnern, dass in einem Kernkraftwerk eine Kernschmelze passieren kann wie damals in Tschernobyl, dann werden Sie einräumen müssen, dass Kernkraftwerke gefährlich sind.“

Verknüpfung von Argumenten

Argumente können miteinander verknüpft werden. Dabei wird jeder nächste Schritt jeweils als logische Konsequenz aus dem vorherigen gezogen:

- Wenn Sie sich nun überlegen, ob Sie so ein gefährliches Kraftwerk in Ihrer Nähe haben möchten, dann werden Sie das vermutlich eher nicht wollen.
- Und nah kann ja, wie die radioaktiven Wolken, die von Tschernobyl über ganz Europa gezogen sind, gezeigt haben, auch ein Abstand von 3000 Kilometern sein.
- Wenn Sie aber einen solchen Mindestabstand von 3000 Kilometern wünschen müssen, so können Sie als Deutscher oder Schweizer kein Kernkraftwerk in ihrem eigenen und einem der benachbarten Länder haben wollen.
- Wenn Sie das verhindern wollen, sollten Sie sich entsprechend politisch aktiv engagieren.

Verschiedene Argumentationsformen

Nun gibt es eine Menge verschiedener Argumentationsformen. Vier besonders wichtige davon sollen nun im Folgenden vorgestellt werden.

Induktive Argumentation

Beim Induktionsschluss wird aus einzelnen Tatbeständen auf eine allgemeingültige These geschlossen. Die induktive Argumentation wird zum Beispiel in den Naturwissenschaften angewandt. Viele Einzelbeobachtungen führen durch Induktion zur Formulierung von Hypothesen und den sogenannten Naturgesetzen.

Die meisten unserer Meinungen werden im Alltag induktiv geschlossen. Sie stützen sich jedoch, im Gegensatz zu den Naturwissenschaften, in der Regel nur auf wenige beobachtete Tatbestände. Dies erklärt, warum Menschen über ein und denselben Tatbestand so verschiedener Meinung sein können und weshalb Vorurteile so verbreitet sind. Ein Beispiel mag Ihnen das verdeutlichen:

> *Frau S. erwartet ein Kind von ihrem Freund. Dieser verlässt sie ein paar Wochen später. Daraus schließt Frau S., dass man keinem Mann vertrauen darf.*

Induktionsschlüsse sollten auf einer statistisch repräsentativen Zahl von Einzelbeobachtungen aufgebaut werden. Sie führen nie zu logisch zwingenden Schlussfolgerungen, wirken kommunikationspsychologisch aber häufig stark überzeugend. Ein Gegenbeispiel kann einen induktiven Schluss widerlegen.

Deduktive Argumentation

Beim syllogistischen Deduktionsschluss wird aus zwei als wahr anerkannten Sätzen (Prämissen) durch die Anwendung des ersten (Prinzipiensatz) auf den zweiten (Faktensatz) ein Schluss (Conclusio) gezogen. Ein klassisches Beispiel stammt von Aristoteles:

Prinzipiensatz:	Wenn alle Menschen sterblich sind
Faktensatz:	und wenn Sokrates ein Mensch ist,
Conclusio:	dann ist Sokrates sterblich.

Wenn beide Prämissen wahr sind, ist in dieser Schlussform auch die Folgerung wahr. Es gibt insgesamt 21 verschiedene Formen, in denen logisch zwingende Schlüsse gezogen werden können. Ein weiteres Beispiel:

Würden die Tagungsmitglieder des Arbeitgeberverbandes folgenden zwei Prämissen zustimmen, dann müssten Sie auch der Schlussfolgerung zustimmen:

Prinzipiensatz:	Wenn alles, was die Leistungsfähigkeit eines Unternehmens mindert, vermieden werden soll, und
Faktensatz:	wenn eine Verkürzung der Arbeitszeit die Leistungsfähigkeit vermindert,
Conclusio:	dann muss eine Arbeitszeitverkürzung vermieden werden.

Die Frage ist immer, ob die Vordersätze wirklich wahr sind und ob der Folgerungsmodus logisch korrekt und damit zwingend ist:

Prinzipiensatz:	Wenn bei jeder Hochzeit eine Frau dabei sein muss
Faktensatz:	und bei dieser Feier keine Frau dabei war,
Conclusio:	dann kann diese Feier keine Hochzeit gewesen sein.

Im ersten Fall mag man die Wahrheit des Faktensatzes bezweifeln: Arbeitszeitverkürzung muss nicht zwingend zu einer geringeren Leistungsfähigkeit führen. Im zweiten Fall muss man dagegen den Prinzipiensatz bestreiten: Mittlerweile können vielerorts auch zwei Männer oder zwei Frauen heiraten.

Insofern kann in beiden Fällen die Wahrheit der Conclusio auch durch eine korrekte logische Schlussfolgerung nicht mehr gewährleistet werden.

Der Schlussfolgerungsmodus ist allerdings in beiden Fällen logisch korrekt, das heißt, wenn beide Vordersätze wahr wären, müsste bei formal gleichartiger Beweisführung immer ein wahrer Schlusssatz herauskommen.

In der Kommunikation gibt man sich meistens mit Sätzen zufrieden, die vom Publikum für wahr gehalten werden:

> *Der Vorsitzende einer Gewerkschaft wird auf einer Mitgliederversammlung für den folgenden Satz vermutlich mit Zustimmung rechnen können: „Die Einführung der 35-Stunden-Woche würde die Zahl der Arbeitslosen bedeutend verringern." Auf einer Tagung des Arbeitgeberverbandes würde dieser „Satz" dagegen vermutlicht heftig bezweifelt und kritisiert werden.*

Dieses Beispiel verdeutlicht, wie wichtig es ist, sich über bestehende Meinungen seiner Zuhörer im Klaren zu sein. Am Anfang einer Rede sollten Sie deshalb nur von Sätzen ausgehen, von denen Sie ziemlich sicher sein können, dass Ihre Zuhörer ihnen zustimmen werden. Wenn Sie Zweifel daran hegen, können Sie sie in Frageform stellen:

> *„Wer könnte bezweifeln, dass die Einführung der 35-Stunden-Woche neue Arbeitsplätze bringen wird?"*

Die Einwandvorwegnahme (Prolepsis)

Eine weitere klassische Argumentationsform ist die Einwandvorwegnahme (griechisch: Prolepsis). Sie ist eine wirkungsvolle und überzeugende Argumentationsform, um Einwände frühzeitig zu entschärfen und damit psychologische Widerstände von vornherein zu vermeiden. Sie wurde schon in der Antike als Redeform verwendet.

Während zuvor die Empfehlung formuliert wurde, das eigene Redeziel erst zum Schluss als Folgerung aus der Argumentation abzuleiten, geht die proleptische Form umgekehrt vor. Sie arbeitet ausdrücklich mit dem Widerstand, den die bisherigen Empfehlungen zu vermeiden suchten, und versucht, skeptischen Zuhörern den Wind frühzeitig aus den Segeln zu nehmen.

Die proleptische Form sollten Sie besonders dann einsetzen, wenn Ihren Zuhörern schon bekannt ist, was Sie wollen und Sie mit Widerstand rechnen. Das Ziel der Prolepsis ist dann die öffentliche Transformation dieses Widerstandes. Dabei ist es wichtig, möglichst die schärfsten und gefährlichsten Einwände Ihrer Gesprächspartner vorauszusehen und aufzugreifen. Je wirkungsvoller Sie diese Einwände dann „überwinden“ können, desto mehr Wind nehmen Sie Ihren Zuhörern aus den Segeln und desto unwahrscheinlicher werden weitere Angriffe.

Die beste Überwindung ist selten die „Widerlegung“. Eine Widerlegung provoziert. Geschickter ist es zu zeigen, dass der Einwand, mit dem die Zuhörer sich ja identifizieren, in einer Hinsicht richtig ist, dass ein anderer Aspekt aber wichtiger ist. Wenn Sie das dreimal elegant vorführen, haben Sie Ihre Kompetenz bestens demonstriert.

Die proleptische Argumentationsform besteht aus fünf Gedankenschritten:

	O		Problemstellung
	O		eigener Lösungsvorschlag
O	O	O	drei starke Einwände, die den Zuhörern unterstellt werden und
O	O	O	einzeln argumentativ gut überwunden werden
	O O		zwei gute zusätzliche Argumente folgen
	O		die Lösung wird in Form einer Empfehlung daraus abgeleitet

Bei diesem Vorgehen kommt Ihnen zugute, dass Sie die Gegenargumente so formulieren können, dass Sie sie leicht und wirkungsvoll entkräften können. Lautet Ihre These etwa:

> *„Wir brauchen schnellere Autos“*

dann könnten Sie den Einwand dagegen zuspitzen und formulieren:

> *„Nun werden Sie sicher einwenden: Die Autos sind doch bereits schnell genug, wir brauchen doch nicht noch mehr Raser auf unseren Straßen. Sollen wir uns etwa demnächst alle mit 300 Stundenkilometern auf unseren Autobahnen überschlagen?“*

Diesen Einwand müssen Sie nun entkräften. Das könnten Sie etwa auf folgende Weise:

> *„Nein, das soll natürlich nicht so sein und es geht mir auch nicht darum, noch mehr Gefahren zu produzieren und die Autos auf 300 km/h zu beschleunigen. Wohl aber halte ich es für sinnvoll, Kleinwagen mit mehr PS auszustatten, damit Sie insbesondere im Stadtverkehr mehr Beschleunigungskraft besitzen und der Verkehr flüssiger fließt."*

Die dialektische Unterscheidung

Die vierte Argumentationsform, auf die eingegangen werden soll, ist die dialektische Unterscheidung. Damit können Sie eine gegnerische Behauptung entkräften, indem Sie ihr in einer Hinsicht zustimmen, sie aber in einer anderen Hinsicht verwerfen. Dazu ein Beispiel:

> *Sie sind der Ansicht, dass der Bau von Kernkraftwerken zu viele Risiken in sich birgt: Der Behauptung eines Zuhörers: „Wir brauchen Kernkraftwerke", könnten Sie antworten, dass Sie ihm zustimmen würden, wenn das die einzige Möglichkeit wäre, den zukünftigen Energiebedarf zu decken. Gäbe es jedoch billigere und risikoärmere Verfahren, würden Sie sich für letztere entscheiden.*

Die dialektische Unterscheidung ist besonders dafür geeignet, gegnerische Thesen sanft und dennoch wirksam zu schwächen. Zum einen verletzen Sie Ihren „Gegner" nicht durch ein hartes „Nein", zum anderen führt diese Art der Argumentation zu einer differenzierenden Behandlung eines Themas und ermöglicht eine konstruktive Fortsetzung des Gesprächs.[3]

Zum Inhalt einer Rede oder Präsentation

Der Rahmen, in dem Sie eine Rede oder Präsentation halten, ist in der Regel durch den Anlass bestimmt. Häufig ist Ihnen sogar ein Thema vorgegeben. Wo ist ihr Gestaltungsspielraum und wie können Sie ihn nutzen? Was sollten Sie dann inhaltlich bieten?

---

3 Mehr zu Argumentationstechniken in meinem Buch: „Dialektik – die Psychologie des Überzeugens".

Als einen ersten bereits erwähnten Grundsatz sollten Sie beherzigen, dass Sie nie über ein Thema sprechen sollten, sondern immer zu einer Frage, für die Sie eine Antwort bringen.

Darüber hinaus sollten Sie nicht zu viel Ehrgeiz in Originalität investieren, sondern sich auf die Frage konzentrieren, was Sie im gegebenen Zusammenhang für wichtig halten und was Sie dazu sagen wollen. Vielfach werden Ihnen dann Dinge einfallen, die vermeintlich längst schon bekannt sind und die schon oft gesagt worden sind, die aber noch nicht zureichend beherzigt wurden. Von Liebeserklärungen werden Sie wissen, dass es nie damit getan ist, sie einmal zu machen, sondern dass Wiederholungen für eine glückliche Beziehung wichtig sind.

In einem dritten Schritt können Sie dann versuchen, eine inhaltlich nicht neue Botschaft in einer Form neu zu präsentieren, die sich von den bisherigen Darbietungen deutlich unterscheidet und einen neuen Zugang dazu schafft. Dadurch wird sich unvermeidbar Originalität einstellen, aber nicht im Sinn einer eitlen Selbstdarstellung, sondern um den originalen und ursprünglichen Sinn Ihrer Mitteilung deutlich herauszustellen und um das Interesse und Verständnis Ihrer Zuhörer für Ihre Botschaft neu zu wecken.

Gehen Sie bei der inhaltlichen Planung einer Rede oder Präsentation nicht nur von den Inhalten aus, die Sie für wichtig halten, sondern orientieren Sie sich bei Ihrer Vorbereitung auch an den Interessen und Vorliegen Ihrer Zuhörer und machen Sie die zum Inhalt und Ausgangpunkt Ihrer Rede. Dazu gehören insbesondere auch die Probleme, die bei Ihren Zuhörern gerade anstehen, oder Fragen, die Ihnen aus einer Gruppe gestellt werden könnten. Je besser Sie das Umfeld einschätzen können und je mehr Sie über die Situation Ihrer Zuhörer Bescheid wissen, desto größer ist die Wahrscheinlichkeit, dass Sie Ihre Botschaft richtig platzieren und herüberbringen können.

Grundsätzlich sollten Sie nur öffentlich sprechen, wenn Sie wirklich das Gefühl haben, etwas zu sagen zu haben. Es gibt genügend Schwätzer, die gegen diese Regel verstoßen, aber Sie können sicher sein, dass die schweigende Mehrzahl der Zuhörer das merkt und ihnen negativ anrechnet.

Wie Sie Ihre Präsentationen mit Turbokraft verstärken

Viele Reden von Fachleuten oder Politikern sind von ihrem logischen Aufbau her gut strukturiert und inhaltsreich, eigentlich sind sie auch gut verständlich, aber trotzdem wirken sie ermüdend und es fällt oft schwer, ihnen zu folgen. Sie wirken schlapp wie eine ungewürzte Suppe. Dabei wäre es auch im übertragenen Sinn leicht, ihnen etwas mehr Geschmack und Sinnlichkeit beizugeben.

Welche Mittel bietet nun die Rhetorik, um Ihre Aussagen richtig zu würzen und Ihren Zuhörern so schmackhaft zu machen, dass sie Ihnen aufmerksam und mit Lust zuhören mögen?

Im Folgenden lernen Sie die wichtigsten rhetorischen Gestaltungsmittel kennen, die Ihnen helfen können, abstrakte, unsichtbare Sachverhalte so anschaulich und begreifbar zu machen, dass Ihre Zuhörer sie nicht nur besser verstehen, sondern sich auch länger ausdrücklich daran erinnern.

Schaffen Sie wirkungsvolle Worte und Begriffe

Worte beschreiben und benennen nicht nur, sie tragen auch immer Wertungen mit sich. Achten Sie deshalb sehr genau auf die Auswahl Ihrer Worte:

> Als die deutschen Parteien PDS und USWG sich bei ihrem Zusammenschluss den Namen „Die Linke“ gaben, hatten sie mit dieser Namensgebung die besten Voraussetzungen geschaffen, alle linken Sympathisanten zu sich zu locken. Zusammen mit den „Grünen“ repräsentieren sie schon allein durch ihre Namen die moderneren Parteien, gegenüber denen die älteren Parteien mit ihren Kürzeln CDU, CSU, SPD oder FDP alt aussehen und zusammen in den Topf „konservativ“ geraten. Vielleicht sollte sich die SPD besser „Die Sozialen“ nennen und die CDU „Die Demokraten“.

Statt das Risiko einzugehen, beim Sprechen über „Gentechnik“ auf Widerstand zu stoßen, könnten Sie auch über „moderne Formen der Züchtung und Veredelung von Pflanzen“ sprechen.

Sie können sich „Vorstandsassistent“ nennen lassen oder sich als „Feuerwehr und Firewall des Vorstands“ höher qualifizieren.

„Unsere Vorfahren bauten mit Lehm. In Jahrhunderten haben wir diesen Baustoff veredelt. Man kann heute noch viel mehr damit erschaffen und gestalten. Es kommt nur darauf an, was man daraus macht: Ihre Zementindustrie“ Das ist doch eine echte Alternative zu einem Plädoyer für Beton.

Wenn Sie Ihrem Chef berichten, einer Ihrer „Kunden“ habe sich „skeptisch“ geäußert, werden Sie damit vermutlich weniger Sympathie bei Ihrem Chef gewinnen, als wenn Sie ihm berichten, dass der „Einkäufer eines Unternehmens, das vier Milliarden Umsatz macht“, einen „dringenden Änderungswunsch“ hat.

Sie können sich für eine „kulturelle Identität von Migranten“ einsetzen oder für eine „Multi-Kulti-Gesellschaft“ sein, oder aber auch für eine „Kombi-Nation“, was Raum für weitere Wortspiele eröffnet.

Sie können jemanden als „Buchhalter“ bezeichnen, als „Finanzexperten“ oder als einen „Experten, der in dieser Hinsicht den Überblick hat“. Alle drei Bezeichnungen können wahr sein und wirken doch sehr unterschiedlich hinsichtlich der Einstufung des Ranges der betreffenden Person.

Stellen Sie sich nicht als „Dienstleister“ vor und qualifizieren sich ab, sondern treten Sie als „Spezialist“ oder „Experte“ auf.

Wenn Ihr Sohn wegen „Vandalismus“ angeklagt wird, sollten Sie von „Lausbubenstreichen“ sprechen.

Seien Sie insbesondere auf der Hut vor den Begriffen Ihrer Gegner. Sie beeinhalten mehr von deren Position, als auf den ersten Blick sichtbar ist. Schaffen Sie sich Ihre eigenen Begrifflichkeiten und verwenden Sie Ihre eigenen Worte. Argumentieren Sie vor allem nicht gegen irgendetwas –

dann bleiben Sie in der Begriffswelt Ihrer Gegner –, sondern immer für etwas, das Sie selbst benennen:

> Argumentieren Sie nicht „gegen Gewalt“ sondern „für ein friedliches Zusammenleben“.
>
> Engagieren Sie sich nicht „gegen Stellenabbau“, sondern für „langfristige Perspektiven“ in der Firma.

Sie werden schnell merken, dass diese Übung Ihnen selbst auch neue Perspektiven und Inhalte für Ihre Reden verschafft. Die gleiche sprachliche Aufmerksamkeit hilft Ihnen auch, wenn Sie für etwas plädieren und dabei gängige Begriffe aus dem Alltag verwenden, die Ihnen spontan als normal und harmlos erscheinen. Vielfach lässt sich eine Botschaft mit solchen Begriffen nicht sonderlich gut transportieren. Oft hilft es schon, kleine Änderungen vorzunehmen um nennenswerte Aufmerksamkeit zu erreichen und Leuten etwas klar zu machen:

> „Wenn eine Disco „in“ ist, kann sie *Kult* werden. Wenn ein Musical „hipp“ ist, wird es ebenfalls Kult, und auch ein Markenlabel kann Kult werden. Filme können Kult sein, ein Star ebenfalls. Er kann auch einen Kult um sich entfachen. Dabei zu sein und Dinge und Menschen life mitzuerleben, die im Moment gerade Kult sind, das ist Teilhabe an der gesellschaftlichen *Gegenwartskultur*. Es kann nicht sein, dass nur im Opernhaus und im klassischen Theater Kultur ist, Kultur ist da, wo Kult ist. Gehen Sie hin!“

Jede Botschaft, die in die Öffentlichkeit soll, muss sich um die richtigen, und das heißt um kommunizierbare Begriffe bemühen:

> Was mittlerweile „Solidaritätsbeitrag Ost“ heißt, wurde ursprünglich einmal sechs Wochen lang als „Zwangsabgabe“ eingeführt.
>
> Für die politische Verhinderung der sogenannten „Pendlerpauschale“ könnten Sie mit einem anderen Begriff erfolgreicher sein. Wettern Sie lieber gegen die „Pendlerprämie“ und fragen Sie, warum denn Leute, die sich weigern, in die Nähe ihres Arbeitsplatzes zu ziehen auch

noch dafür belohnt werden sollen, dass Sie täglich Staus produzieren. Entsprechend können Sie dann von einer „Stauverursacherprämie" sprechen.

Manchmal verwendet man auch spontan gewohnte Formulierungen und löst damit gleich ein spezielles Image aus:

Sympathischer als eine „Kinderkrippe" mag ein „Wichtelhaus" oder „Zwergentreff" sein.

Eine Führungskraft bezeichnete sich als „traditionell-konservativen Werten verpflichtet". Er stand damit sofort in einer Traditionalisten-Ecke. Nach einem kurzen Gespräch war er einverstanden, seine Haltungen neu zu formulieren:

- Er steht für klassische Werte wie Zuverlässigkeit und Ehrlichkeit,
- er steht für nachhaltige Lösungen,
- er bemüht sich darum, ein vertrauenswürdiger Partner zu sein.

Machen Sie sich einmal klar, dass Sie mit der besten Rhetorik in einer Schulklasse wenig Sympathie für die „Beichte" wecken können, wohl aber großes Interesse für „Coaching".

Oder warum muss einem in der Kirche immer zugemutet werden zu glauben: „Gott ist die Liebe." Allein wegen des Effektes müsste man es herumdrehen: „Liebe – das ist Gott!" Und jeder hätte spontan Lust daran zu glauben.

Der richtige Begriff bewirkt oft mehr als die besten Argumente und mit den besten Argumenten können Sie einen ungeeigneten Begriff nicht kompensieren. Überlegen Sie sich also genau, welche Worte Ihnen als zentrale Begriffe am besten helfen, Ihre Botschaften zu transportieren. Manchmal werden es nicht nur einzelne Worte sondern Slogans sein, die für Ihre Botschaft kennzeichnend und prägend sein können.

Der amerikanische Präsident Barrack Obama gewann 2008 seinen Wahlkampf mit dem Slogan „Yes, we can!".

Martin Luther King hat den unsterblichen Satz hinterlassen: „I have a dream!".

„Wut macht Mut" spornt zum Kämpfen an.

Fesseln Sie Ihre Zuhörer mit Bildern und Metaphern

Mit rational-logisch-analytischen Argumenten sprechen Sie nur die linke Gehirnhälfte Ihrer Zuhörer an. Sie erreichen sie also nur halb. Um auch deren rechte, emotionale Seite zu fesseln, helfen Bilder.

Unter dem Stichwort „Visualisierung" ziehen viele Sprecher aus dieser anerkannten Erkenntnis den unzutreffenden Schluss, möglichst viele Folien, Dias oder Power-Point-Charts zu präsentieren. Der größte Fehler dabei liegt darin, dass sie die Aufmerksamkeit der Zuhörer zwischen sich als Sprecher und den gezeigten Bildern splitten. Der zweitgrößte Mangel ist, dass vorgefertigte und vorgeführte Bilder Konservencharakter haben und ihnen die Spannung des Live-Effekts abgeht. Nun soll der Einsatz zusätzlicher Medien hier nicht grundsätzlich ausgeschlossen werden. Unter besonderen Umständen kommt ihnen auch eine positive Bedeutung zu. Aber spüren Sie einmal, wie viel stärker es wäre, wenn Sie sich und Ihren Zuhörern erklären würden:

„Ihr Power-Point bin heute ich".

Stellen Sie sich mit Ihrer Botschaft selbst in den Mittelpunkt Ihrer Präsentation und vertreten Sie sie.

Die erste Form von Visualisierung besteht dann aus einer lebendigen Gestik und Körpersprache. Im Gegensatz zu einer Gestik, die nur aus Bedienerhandgriffen für technische Medien besteht, kann eine bedeutungssynchrone, engagierte und zugewandte Körpersprache ein erhebliches Maß an Klarheit, Nachdruck, Eindruck und Glaubwürdigkeit erzeugen. Im nächsten Kapitel erfahren Sie dazu mehr.

Die zweite Form der Visualisierung besteht im sprachlichen Entwerfen geistiger Bilder im Kopf der Zuhörer. Das können Sie erreichen, wenn Sie beispielsweise sagen:

„Stellen Sie sich einmal Ihr Traumauto vor!“

Da wird sich der eine vielleicht einen roten Sportwagen vorstellen, der andere ein Geländefahrzeug, wieder ein anderer eine große Limousine und noch ein anderer einen kleinen Flitzer. Durch die Offenheit Ihres Bildes ist jeder Hörer genötigt, es mit seiner Fantasie und seinen Bildern zu füllen und verbindet sich dadurch persönlich damit und mit Ihrer Rede. Bilder in diesem Sinne sind besonders starke Identifikationsangebote mit hohem Aufmerksamkeits- und Erinnerungswert.

Mit Bildern können Sie darüber hinaus abstrakte oder komplizierte Sachverhalte vereinfachen, sie anschaulich machen und für Zuhörer aufschlüsseln. Bilder entwerfen Sie durch anschauliche Schilderung vor dem geistigen Auge Ihrer Hörer und können sie gut einleiten mit Formulierungen wie:

„Wenn Sie sich einmal vorstellen ...“,

„Stellen Sie sich ... vor,“ oder

indem Sie gleich mit dem Bild beginnen.

Bildhaftes Sprechen können Sie auf verschiedene Weisen konzipieren:

Exemplarische Bilder

Wenn Sie über ein abstraktes Thema anschaulich sprechen wollen, dann können Sie sich einen konkreten Einzelfall herausgreifen und anschaulich schildern.

Wenn Sie das zunächst abstrakt scheinende Thema „Arbeitslosigkeit“ anschaulich und emotional berührend herüberbringen wollen, können Sie Ihre Rede mit der Schilderung des Schicksals eines einzelnen Arbeitslosen mit seiner Familie und seinen Lebensumständen beginnen. Darauf können Sie dann im Lauf Ihrer Rede mehrfach zurückkommen und daran anknüpfen:

> „Klaus Peter Müller, 43 Jahre, seit 23 Jahren als Bergmann tätig, verheiratet mit seiner Frau Irene, 39, zwei Kinder, Micki und Marion, 10

> und 7 Jahre, steht vor dem Ruin: Die Zeche hat geschlossen, und die Familie kann die Raten für ihr Eigenheim nicht mehr zahlen. Aber es ist auch nicht verkäuflich, denn 500 anderen Kumpels geht es ebenso. Und wer kauft schon 500 Eigenheime?"

Genau diese Methode macht den Erfolg der „Bildzeitung" aus. Sie trägt ihren Namen nicht wegen besonders vieler Fotos, sondern wegen der bildhaften Sprache zu Recht.

Symbolische Bilder

Symbolisch sprechen Sie, wenn Sie „pars pro toto" einen Teil als repräsentativ für einen größeren Zusammenhang verwenden.

> Zum Beispiel könnte „der Kölner Dom mit seinen aufrecht gerichteten Türmen" als symbolisches Bild „für die immer schon kühn aufstrebende Wirtschaftsmacht der Metropole am Rhein" stehen.
>
> Ebenso wird das Matterhorn oft als Symbol für die dramatische Schönheit der Schweiz verwendet.
>
> Das „Brandenburger Tor" steht symbolisch nicht nur für „das einstmals geteilte und nun wiedervereinigte Berlin", sondern auch für ganz Deutschland.

Genauso wird es in der Werbung mit meist realen Bildern gemacht. Da steht dann das Bild einer Segeljacht für das Gefühl von Freiheit, das man empfinden soll, wenn man ein bestimmtes Produkt kauft und verwendet.

Vergleiche / Metaphern

Eine weitere Möglichkeit, mit Bildern zu arbeiten, sind Vergleiche. Dabei wird meist ein komplexerer, unsichtbarer Sachverhalt oder Zusammenhang mit Bildern aus einem vertrauteren Bereich parallel geschaltet und verglichen:

> „Wenn Sie sich eine braun-glänzende Kastanie vorstellen und dann vor Ihrem geistigen Auge ablaufen lassen, wie sich daraus zuerst ein

kleiner Trieb, dann ein kleiner Baum und im Laufe vieler Jahre ein großer, kraftvoller Baum entwickelt, der im Frühjahr viele hundert Blütenkerzen erzeugt, aus denen dann im Herbst Tausende von Kastanien werden können, dann gleicht das der Entwicklung unseres Betriebes vom Ein-Mann-Unternehmen zum erfolgreichen Großbetrieb."

„Mit der Möglichkeit von Zukunftsprognosen verhält es sich so: Wenn ein Zug mit einer gleich bleibenden Geschwindigkeit auf einer Strecke ohne Weichen fährt, können Sie berechnen, wann er an welcher Stelle sein wird. Wenn aber zwei Mannschaften mit je 11 Spielern auf einem Feld Fußball spielen, ist es offenkundig unmöglich, vorherzusagen, wo der Ball in zwei Minuten sein wird. Wenn nun auf diesem Feld außer den Fußballmannschafen noch zwei Handball- und zwei Hockeymannschaften spielen, während gleichzeitig ein Demonstrationszug das Feld kreuzt, können Sie erst recht nicht mehr voraussagen, was sich da in den nächsten Minuten ereignet. Ähnlich ist es mit den Voraussagemöglichkeiten in der Krise. Da spielen verschieden Konzerne, Staaten, Parteien, Religionen und Kulturen sowie Milliarden Individuen jeder sein eigenes Spiel und niemand kann voraussagen, was dabei in zwei Wochen oder in zwei Jahren herauskommt.

Die Ägypter verehrten die Sonne als ihren obersten Gott und bauten ihm Tempel. Auch in unserem Land gibt es ganz viele Sonnentempel, allerdings sind sie eher klein. Aber zigtausend Menschen pilgern täglich hin und legen sich vor dem Sonnengott nieder. Bei uns heißen diese Tempelchen: Solarien.

Bei Vergleichen kommt es darauf an, ein Bild zu wählen, das möglichst viele treffende Analogien mit dem Sachthema ermöglicht. Ein Bild ist umso geeigneter, in je mehr Vergleichspunkten es sich als treffend erweist:

„Wenn ein Flugzeugmotor während eines Fluges plötzlich keinen Treibstoff mehr bekommt, stürzt ein Flugzeug ab. Entsprechend wäre

> es, wenn unsere Firma keine Aufträge mehr bekäme. Wir würden dann ebenfalls abstürzen.
>
> Auch wenn es in einem Flugzeug eine Explosion gibt, kann es abstürzen. Gleiches würde geschehen, wenn es in unserer Firma eine Explosion geben würde, zum Beispiel eine Kostenexplosion.“
>
> So wie ein Flugzeug über Frühwarnsysteme für mögliche Ausfälle und Unregelmäßigkeiten verfügt und es regelmäßigen Inspektionen unterzogen wird, so setzen auch wir in unserer Firma Controlling-Instrumente als Frühwarnsysteme und zur regelmäßigen Inspektion ein, um uns vor allen Arten überraschender Abstürze zu schützen.
>
> Bei manchen Flugzeugunglücken haben sich Pilot und Co-Pilot noch per Fallschirm retten können, während der Rest der Crew umgekommen ist. Genauso ist es auch oft, wenn ein Unternehmen abstürzt: Die Kapitäne, die am Absturz mit Schuld waren, retten sich, während der Rest der Mannschaft auf der Strecke bleibt. Damit sich hier keiner Sorgen zu machen braucht, dass sich im Falle eines Unfalls die Piloten als erste in Sicherheit bringen können, möchte ich Sie darauf hinweisen, dass beide Geschäftsführer persönlich haften.“

Ein bildhafter Vergleich wirkt umso witziger, je weiter er vom thematisch ursprünglichen Vergleichsobjekt entfernt ist. Wenn er dann durch eine möglichst kurze Umdeutung plötzlich in ein anderes Bezugsverhältnis umschlägt und sich dabei als tauglich erweist, erntet man häufig ein spontanes Lachen bei den Zuhörern:

> „Stellen Sie sich einen Esel vor, der sein ganzes Leben schwere Lasten für seinen Herrn trägt. Eines Tages kauft sich sein Herr einen jüngeren Esel, und der alte wird nicht mehr gebraucht. Wenn er Glück hat, bekommt er noch eine zeitlang ein karges Gnadenbrot. Wird Ihre Rente eines Tages wohl mehr als ein karges Gnadenbrot sein? Hätte der Esel nicht besser schon in früheren Jahren eine eigene Vorsorge für sein Alter getroffen? Ach nein, er ist ja ein Esel und konnte es nicht. Sie aber, insbesondere, wenn Sie kein Esel sind, können freiwillig eine zusätzliche Vorsorge für Ihr Alter treffen. Statt sich an tro-

> ckenem Gnadenbrot die Zähne auszubeißen, können Sie sich dann später ein süßes Schlaraffenleben leisten.

Viele Themen lassen sich auch durch Metaphern dramatisieren:

> Vermutlich würden Sie Ihr Kind nicht unter dem Auspuff eines Lastwagens mit laufendem Motor spielen lassen. Aber viele Leute lassen Ihre Kinder im Garten, direkt unter dem Auspuff ihres Hauses spielen. Was glauben Sie wohl, wie viel Ruß Ihre Ölheizung aus Ihrem Schornstein bläst? Wenn Sie da eine sauberere Lösung für Ihre Kinder suchen, sollten Sie sich vielleicht einmal Gedanken über eine Erdsonde oder über Sonnenkollektoren auf Ihrem Dach machen.

Wichtig bei der Verwendung von bildhaften Vergleichen ist die Reihenfolge: Zuerst kommt immer das Bild und dann erst das Verglichene. Also nicht:

> „Mit einem Rentner ist es wie mit einem alten Esel, der das Gnadenbrot bekommt“, sondern: „So wie sich ein alter Esel angesichts eines kargen Gnadenbrots fühlen mag, so wird sich auch mancher Ruheständler fühlen, wenn er seine karge Rente betrachtet.“

Oder:

> „Wenn Sie sich ein von Geiern abgenagtes Skelett in der Wüste vorstellen, kommen Sie sich nicht manchmal genauso abgenagt bis auf die Knochen vor, wenn Sie vom Finanzamt Ihren Steuerbescheid bekommen?“

In einer Rede nach der Fünf-Punkte-Struktur ist es ideal, wenn Sie fünfmal den Wechsel zwischen Bild und Sachthema vollziehen. Es gibt dann zwei miteinander verflochtene Fäden und der mehrfache Wechsel zwischen beiden macht den besonderen Reiz aus. Sie sollten dabei Sprünge zwischen verschiedenen Bildern (etwa Gnadenbrot-Esel und Geier) innerhalb einer Rede vermeiden. Stattdessen können Sie fünf verschiedene Situationen um ein Bildthema herum aufbauen.

Polarisierung

Gegensätze dienen wie Bilder oder Vergleiche dazu, einen Gedankengang zu verdeutlichen. Je pointierter, witziger, überraschender und effektvoller Sie einen Gegensatz herausarbeiten, umso besser werden Ihre Zuhörer ihn in Erinnerung behalten. Den Effekt können Sie sowohl mit konträr zu einander gestellten Begriffen erreichen, aber auch mit ganzen Sätzen oder Sinnabschnitten:

- Krieg oder Frieden
- Geld oder Leben
- Freiheit oder Sozialismus

> Der amerikanische Präsident Nixon erhielt großen Beifall, als er einmal in einer Rede erklärte: „Chruschtschow hat uns Amerikanern zugerufen: „Eure Enkel werden Kommunisten sein!“ Wir antworten darauf: „Im Gegenteil, Mr. Chruschtschow, wir hoffen, Ihre Enkel werden in Freiheit leben!“

Häufig werden Sie das Gefühl haben, mit einer geplanten klaren Polarisierung zu übertreiben. Scheuen Sie sich nicht. Bauen Sie Ihre Rede so auf, dass Sie mit differenzierten Argumentationen Ihre Glaubwürdigkeit bei Ihren Zuhörern demonstrieren und führen Sie sie dann dahin, dass sie die Zusammenfassung des Gedankengangs in zwei polarisierende Begriffe als treffenden Slogan akzeptieren.

Relativierung

Ein wichtiges rhetorisches Mittel ist die Technik der Relativierung. Was man in seiner Wahrheit nicht bestreiten kann, lässt sich durch Veränderung der Bezugsgrößen als wichtiger oder unwichtiger darstellen. Geringfügiges kann man damit als bedeutsam und Bedeutsames als unwichtig zeigen:

> Bei der letzten Erhöhung der Mehrwertsteuer in Deutschland von 16 auf 19 Prozent wurde überwiegend davon gesprochen, dass sie um drei Prozent erhöht werde. Richtig wäre, dass sie um drei Prozentpunkte erhöht wurde. In einer anderen Darstellungsweise wäre es

aber auch richtig zu sagen, dass sie um 19 Prozent erhöht wurde. Die drei Prozentpunkte entsprechen nämlich 19 Prozent von den ursprünglichen 16 Prozent.

200 Euro heute entsprechen in etwa der Kaufkraft von 200 D-Mark vor 10 Jahren. Das waren damals bei einem Umrechnungskurs von 1 : 4 exakt 800 DDR-Mark. Das war in der DDR ein durchschnittlicher Monatslohn, für den man 160 Stunden arbeiten musste. Für 200 Euro muss ein Facharbeiter heute rund acht Stunden, also einen Tag, arbeiten. Daran sieht man, wie gut es den Menschen heute geht.

Dramatisierung und Steigerung

Ein weiteres rhetorisches Gestaltungsmittel, um die Spannung der Zuhörer zu verstärken, ist das dramatisierende Zuspitzen von Aussagen und die Steigerung der stimmlichen und gestischen Intensität.

Bei der Planung einer Rede oder Präsentation sollten Sie sich frühzeitig überlegen, wie Sie Ihr Thema über das durchschnittliche Niveau anderer Beiträge herausheben können. Dafür hilft es Ihnen, wenn Sie das Thema Ihrer Rede Schritt für Schritt verdichten und Ihre Zuhörer immer stärker in sie hinein ziehen:

(1) Stellen Sie sich vor, Ihr Chef hat Geburtstag. Nun gut, das hat er jedes Jahr. Eigentlich scheint das nichts Besonderes zu sein.

(2) Wenn Sie sich aber erinnern, dass er im letzten Jahr einen Herzinfarkt hatte, dann wäre es vielleicht doch eine gute Idee, ihm anlässlich seines diesjährigen Geburtstages einmal für seinen Einsatz und alles, was er auch für Sie persönlich getan hat, ausdrücklich zu danken.

(3) Wenn Sie dann noch bedenken, dass er neulich von seinem Chef öffentlich für die Umsatzeinbrüche während der Krise verantwortlich gemacht wurde, täten ihm vielleicht sogar ein paar aufbauende Worte dringend not.

(4) Nun stellen Sie sich vor, er würde morgen tot umfallen. Dann hätten Sie vermutlich doch das Gefühl, etwas sehr Wesentliches versäumt zu haben: ihm die Anerkennung zu geben, die er verdient.

(5) Und warum hätten Sie das verpasst? Weil Sie sich zu schüchtern und zu unbeholfen gefühlt hätten, ihm einmal eine kleine Rede mit ein paar netten Worten zu halten.

Das Prinzip der Steigerung betrifft zunächst jede Rede oder Präsentation als Ganze: Die Dichte sollte von Punkt zu Punkt steigen. Darüber hinaus sollten Sie Ihre Aussagen idealerweise zusätzlich auch innerhalb jedes einzelnen Gliederungspunktes jeweils zum Schluss hin zuspitzen.

Eine Gefahr, der viele Sprecher erliegen, besteht darin, dass sie über ihren eigenen Erregungshöhepunkt hinausreden und erst aufhören, wenn sie erschöpft sind. Sie müssen aber davon ausgehen, dass Zuhörer höchstens den Grad an Erregung, Motivation oder Begeisterung mit nach Hause nehmen, den sie zum Schluss einer Rede empfunden haben. Sie sollten also darauf achten, sich nicht von Ihrer eigenen, nach dem Höhepunkt wieder abfallenden Erregungskurve leiten zu lassen, sondern vielmehr Ziel, Höhepunkt und Ende Ihres Sprechens in Eins fallen zu lassen.

Da sich dieser Zusammenfall beim spontanen Sprechen normalerweise nicht von selbst ergibt, erweist sich die Planung einer Rede als sinnvoll.

Weiter müssen Sie davon ausgehen, dass Ihre Zuhörer stimmungsmäßig immer ein Stück hinter Ihnen herhinken. Deshalb sollten Sie Ihre Rede nicht zu schnell abspulen und zu steigern versuchen, sondern immer wieder innehalten und die Stimmung Ihrer Zuhörer Schritt für Schritt aufzuschaukeln versuchen.

Wenn Sie die Intensität Ihrer Rede von 1 auf 4 steigern, werden Ihre Zuhörer höchstens bis 3 mitgehen. Sie sollten dann nicht weiter auf 6 voranpreschen, sondern lieber auf 2,5 neu beginnen und sich bis Stärkegrad 5 steigern, damit Ihre Zuhörer gefühlsmäßig bis auf 4 mitgehen. Dann können Sie wieder bei 3 aufgreifen und bis 6 hochziehen und hoffen, dass Ihre Zuhörer dann bis 5 mitkommen.

Monotonie würde entstehen, wenn Sie permanent auf einem Level reden würden oder ständig einen auf und ab schwebenden Singsang zwischen 2 und 4 veranstalten würden. Spitzen Sie sich also zu und versuchen Sie jede vorherige Aussage durch die nächste immer noch ein bisschen zu toppen.

4. Nonverbale Mittel des Überzeugens

Die Körpersprache transportiert die Glaubwürdigkeit

Wenn wir sprechen, stehen wir im Medium unseres Körpers vor anderen Menschen, und ein großer Anteil an Redeängsten liegt darin begründet, dass wir intuitiv spüren, mehr über uns mitzuteilen, als wir eventuell wollen und mehr als uns bewusst ist. Die Glaubwürdigkeit eines Sprechers schätzen die Zuhörer überwiegend aufgrund der nonverbalen Signale ein. Daher lohnt es sich, klarzumachen, was Sie nonverbal von sich geben, was andere an Ihnen erkennen können, und sich der Frage zu stellen, wie Sie sich in dieser Hinsicht selbst verhalten und steuern sollen.

Was ist Körpersprache und wie funktioniert sie?

Kein Tier hat eine dem Menschen vergleichbare Wortsprache. Dennoch treten auch Tiere miteinander in Kontakt und Kommunikation. Die Verhaltensforschung konnte zeigen, dass sie einander sogar sehr deutlich ihre Absichten und Neigungen mitteilen können. Das geschieht nicht durch Worte, sondern durch ihr gesamtes Verhalten. Für Artgenossen ist das Verhalten eindeutig und unmissverständlich. Manche Absichten von Tieren können auch Laien eindeutig erkennen, andere Intentionen werden aber je nach Situation oder Art so subtil ausgedrückt, dass ein Verhaltensforscher sie erst nach langen und systematischen Beobachtungen versteht.

Auch bei einem Menschen können wir oft unmittelbar erkennen, was er will und was er fühlt. Wir sehen, ob jemand eilig ein Ziel anstrebt, wir erkennen, ob jemandem etwas süß oder bitter schmeckt, ob sich jemand freut oder ärgert und so weiter. Ob in Gesicht, Händen, Haltung, Bewegung, Geschwindigkeit und Richtung, in allem können sich die Intentionen eines Menschen ausdrücken, aus allem kann man versuchen sie herauszulesen.

Die Signale des Körpers sind Kommunikationsmittel, die wir ganz selbstverständlich benutzen und verstehen können. Dass dies durchaus menschlich ist, erweist eine Reflexion auf das entwicklungsgeschichtliche Alter der menschlichen Sprache: Als unbestritten gilt die Auffassung, dass die Menschen vor etwas 40.000 Jahren bereits ein dem unseren annähernd gleichwertiges Sprachvermögen besaßen. Rund 200.000 Jahre alt sind die ältesten Funde, die auf kultische Bräuche (Begräbnisse) und damit auf ein differenziertes Gemeinwesen schließen lassen. Ein gewisses Sprachvermögen scheint dafür Voraussetzung zu sein. Vorher gab es gewiss rudimentäre Vorformen von Sprache wie bei Tieren, aber es kann als sicher gelten, dass in der Menschheitsgeschichte, die etwa zweieinhalb bis drei Millionen Jahre zählt, die Wortsprache in unserem Sinne eine junge Errungenschaft ist und die menschliche Kommunikation sich über Jahrhunderttausende vornehmlich auf die Regulierung des Zusammenlebens im konkreten Hier und Jetzt beschränkte. Dazu reichten die körpersprachlichen Ausdrucksmittel völlig aus.

Die Tatsache, dass unsere differenzierte Wortsprache eine verhältnismäßig junge Errungenschaft ist, lässt vermuten, dass die durch Jahrmillionen bewährten Kommunikationsformen unserer menschlichen und vormenschlichen Vorfahren auch weiterhin in unserer tagtäglichen Kommunikation eine bedeutsame Rolle spielen.

Das menschliche Gehirn ist in zwei Hälften geteilt. Diese haben für unser Denken unterschiedliche Funktionen: Die linke Gehirnhälfte ist für das rational-abstrakte Denken zuständig, sie arbeitet analytisch, schrittweise, linear, während die rechte Hemisphäre Dinge und Zusammenhänge ganzheitlich erfasst. Sie arbeitet bildhaft, symbolhaft, assoziativ. Kreativität, Emotionalität, Phantasie und Intuition sind ihr zuzuordnen.

Die verbale Kommunikation wird vornehmlich von der linken, die nonverbale dagegen von der rechten Gehirnhälfte gesteuert und verarbeitet. Es handelt sich also um zwei verschiedene Kanäle mit je eigenen Funktionen und Fähigkeiten. Das Gemeinte kann über beide Kanäle gleichzeitig ausgedrückt und empfangen werden. Der Empfänger vergleicht dann intuitiv die Wahrnehmungen seiner beider Gehirnhälften und kommt daraus zu einem Schluss über das Maß an Authentizität des Senders. Stimmen beide Wahrnehmungshälften überein, entstehen Gefühle des Vertrauens und der Sympathie; klaffen sie auseinander, entstehen Antipathie-, Misstrauens- und Abstoßungsgefühle.

Wortsprache und Körpersprache

Zumindest theoretisch erlaubt die Wortsprache es Menschen, sich eindeutig, präzise und hoch differenziert auszudrücken. Dabei ist sie von räumlichen und zeitlichen Gegebenheiten unabhängig und kann raum- und zeitübergreifend Dinge miteinander in Bezug setzen und verbinden. Per Wortsprache können Menschen sich nicht nur mit der Gegenwartsrealität auseinandersetzen, sondern auch mit hypothetischen Objekten, mit abstrakten Gegebenheiten und deren Beziehungen zueinander. Von ihren Möglichkeiten her verfügt die Wortsprache insofern gegenüber den körpersprachlichen Signalen über ein erweitertes Repertoire. Durch nonverbale Signale kann nur räumlich und zeitlich gegenwärtiges oder vergegenwärtigtes Empfinden ausgedrückt werden. Dennoch kann ein Empfänger unabhängig von den jeweiligen Inhalten der Kommunikation über die nonverbalen Signale erfahren, welchen Emotionswert eine Angelegenheit für den Sprecher hat, welches Maß an innerer Anteilnahme und Betroffenheit sie bei ihm auslöst, wie er sich in der Kommunikationssituation fühlt und wie entspannt und offen er dabei ist.

Die körpersprachlichen Äußerungen von Tieren sind trotz klarer Richtung nicht reflektierbar. Tiere wollen einfach, ohne zu wissen, dass sie wollen, und ohne ihr Wollen infrage stellen zu können. Interessanterweise bleibt auch den meisten Menschen ihr körpersprachlicher Ausdruck überwiegend unbewusst. Da er ihren Intentionen und ihrem Meinen entspricht, kann er erheblichen Aufschluss über ihre tatsächlichen Absichten geben. Deshalb spielt er in der intuitiven Wahrnehmung von Empfängern eine wichtige Rolle und wird, wenn auch unbewusst, meist intuitiv richtig verstanden.

Mit anderen Worten: Es hat wenig Erfolgsaussichten, andere Menschen mit Worten täuschen zu wollen oder zu lügen, die intuitive Körpersprache verrät einen doch und die Empfänger spüren es, auch wenn sie es nicht bewusst registrieren.

Die Bedeutung der Körpersprache

Die Körpersprache offenbart also Wesentliches über den Sprecher. Durch sie werden bei Zuhörern und Gesprächspartnern intuitiv und unbewusst Gefühle des Vertrauens und der Sympathie oder das Gegenteil ausgelöst.

Insofern hängt Ihre Glaubwürdigkeit vor allem von der inneren Harmonie Ihres Auftretens ab.

Darin liegt sowohl ein Grund für Lampenfieber als auch dafür, dass sich manche Sprecher in ihre Mimik auf ein Pokerface beschränken und ihre Gestik auf ein Minimum reduzieren. Sie wollen möglichst nichts über sich preisgeben. Aber gerade, indem sie wenig oder gar keine Gestik zulassen, offenbaren sie ihre Verschlossenheit und verlieren dadurch einen Teil der Sympathie und Aufmerksamkeit ihrer Zuhörer. Wer also Gestik vermeidet, um sich zu verstecken, offenbart dadurch, dass er nicht offen, nicht engagiert ist und nicht persönlich zu seinen Aussagen steht. Er bietet seinen Zuhörern damit auch keine positiven Anknüpfungs- und Identifikationsmöglichkeiten.

Umgekehrt verwundert es nicht, dass ein engagierter, offen aus sich herausgehender und zugewandter Sprecher bei den meisten Zuhörern gut ankommt.

Ausdrucksdimensionen der Körpersprache

Die Körpersprache eines Sprechers wird nur zum geringsten Teil von der Vernunft gesteuert, viel stärker vom Unterbewussten. Daher ist sie auch nur in ihrer Oberflächenstruktur, das heißt in wenigen einzelnen Ausdrucksgesten, bewusst steuerbar. Der Ablauf des gesamten nichtverbalen Ausdrucks wird aus einer inneren Zentrale ganzheitlich gesteuert, und seine Wirkung wird von anderen Menschen ganzheitlich empfangen. Ob die Wirkung auf andere Menschen positiv oder negativ ist, hängt davon ab, ob alle Mosaiksteine des Gesamtbildes am richtigen Platz sind.

Eine natürliche Körpersprache hat folgende Merkmale:

- Der Ablauf von Bewegungen in einer Interaktionssituation ist kontinuierlich. Es gibt keine längeren bewegungsfreien Phasen – ein entspannter Sprecher bewegt sich ständig. Hierin liegt einer der wesentlichen Gründe, weshalb es nicht möglich und ratsam ist, künstliche Gesten zu einer Rede einzustudieren: Die dauerhafte Kontrolle und ständige Gestenproduktion durch die Vernunft überfordert die Möglichkeiten eines Sprechers. Unsere Vernunft ist nur in der Lage, *einen* Prozess gleichzeitig zu steuern. So wie man zwei Rechenoperationen nicht gleichzeitig durchführen kann, kann man sich auch nicht auf Reden und Gestikulieren gleichzeitig konzentrieren.
- Beim normalen Sprechen kommen die Gesten, die einen Satz begleiten, etwa eine bis eineinhalb Sekunden vor dem entsprechenden Wort, beziehungsweise das mit einem ganzen Satz Gemeinte kommt in einer einzigen Geste zum Ausdruck, die sich schon zu Beginn des Satzes und noch ehe er verständlich ist als Gesamtgestalt entwickelt und ausbildet. Auch dies ist nicht künstlich produzierbar. Zuhörer würden es als falsch verspüren, wenn ein Sprecher es versuchen würde.

In Gestik und Körpersprache drücken sich alle Persönlichkeitsebenen aus

> Auf der *untersten (= ersten)* Ebene (Lebensenergie) ist Sprechen Ausdruck der Lebendigkeit und der Ur-Identität des Sprechers.
>
> Auf der *zweiten* Ebene (Antriebe) drückt der Sprecher durch seine Bewegungsintensität seinen Motivationsgrad, sein Engagement beziehungsweise den Grad seiner Energiebesetzung eines Themas

aus. In der Sicherheit und Klarheit, mit der er seine Gesten führt, kommt dabei auch seine Selbstsicherheit beziehungsweise seine Unsicherheit zum Ausdruck.

Auf der *dritten* Ebene (Normen) werden neben den Worten durch Körperzeichen Werthaltungen und Wertungen ausgedrückt: Ein gleichzeitiges verächtliches Zucken der Mundwinkel wertet einen mit Worten beschriebenen Sachverhalt ab. Ob man das „Grundgesetz der Bundesrepublik Deutschland" mit zwei Händen vor sich hin stellt oder eine wegwerfende Handbewegung dazu macht, drückt eine klare Wertung aus. Auf dieser Ebene werden außerdem Strukturen des Inhalts kommuniziert und veranschaulicht: „Einerseits" und „andererseits" kann zum Beispiel mit den Händen dargestellt, aber auch durch einen Wechsel des Standbeins ausgedrückt werden, während alle anderen Gesten unverändert weiterlaufen.

Auf der *vierten* Ebene (Emotion/Beziehung) wird die Beziehung zwischen Sprecher und Zuhörer aufgenommen und gestaltet. „Sie" und „ich" kann durch Richtungswechsel der Hände und durch Zu- und Abwendung des Blickes ausgedrückt werden. Aber es müssen keineswegs spezielle einzelne Gesten sein, genauso kann eine kleine Drehung Zuwendung oder Abwendung gegenüber den Zuhörern signalisieren. Aber nicht nur die den Zuhörern geltenden Emotionen werden auf dieser Ebene ausgedrückt, auch die einem Thema geltenden oder sich daraus ergebenden Gefühle spielen auf dieser Ebene.

Auf der *fünften* Ebene (Intentionen) kommen Deutungen und Interpretationen des Gesagten hinzu. Ob ein dargestellter Gegenstand vor den Sprecher gezeichnet wird oder neben ihn, kann beispielsweise ausdrücken, ob es sich um eine Haupt- oder Nebensache handelt. Die Aussage „Die Straße führt durch die Landschaft", wurde einmal durch eine schlängelnde Handbewegung erhellt. Gemeint war: Sie schlängelt sich durch die Landschaft. So sind Gesten oft kraftvoller als das nur gesprochene Wort.

Auf der *sechsten* Ebene (Sachebene) kann eine Geste etwas eins zu eins darstellen, was der Sprecher beschreibt. Fünf Zentimeter können mit zwei Fingern als fünf Zentimeter dargestellt werden, oder ein Rad wird als Kreis in die Luft gezeichnet.

Körpersprachlicher Ausdruck der *siebten* Ebene (Geist/Reflexion) kann sich zum einen in strahlenden Augen und begeisterter Lebendigkeit zeigen, in einem visionären Blick oder aber auch in Zeichen der Reflexion und Nachdenklichkeit.

Zusammengefasst: Der körpersprachliche Ausdruck ist komplex und alle Ebenen sind immer gleichzeitig aktiv. Die Gesamtheit des Ausdrucks drückt immer das aus, was innerlich gemeint ist.

Wenn der innere Zustand nun ist: „Ich meine das zwar nicht, aber ich will doch so tun, als würde ich es meinen", wird sich beides in der Körpersprache ausdrücken. Vielleicht sind dann die Hände und das Gesicht gut kontrolliert und unterstützen die beabsichtigte Aussage mit einem freundlichen Lächeln und einer Geste, die Beine oder Füße dagegen aber drücken dann häufig das genaue Gegenteil aus: Der Sprecher macht vielleicht einen Schritt zurück oder eine negierende Fußbewegung. Beides lässt sich häufig beobachten.

Zu Recht bewerten Zuhörer deshalb die Glaubwürdigkeit eines Sprechers intuitiv zu etwa siebzig Prozent nach seiner Körpersprache und nur zum geringeren Teil nach dem, *was* er sagt.

Selbst geübte Schauspieler können ihre Körpersprache nicht vollständig gegen ihre inneren Einstellungen beherrschen und steuern. Sie bemühen sich um eine möglichst vollständige Identifikation mit einer Rolle und versuchen sich tief in sie einzufühlen. Sogenannte Blackouts in Reden sind meistens Ausdruck von gegenteiligen inneren Einstellungen, die bewusst, aber auch unbewusst sein können. Wenn ein Schauspieler schon seine Körpersprache nicht völlig gegen seine Gefühle kontrollieren kann, um wie viel weniger ein normaler Gelegenheitssprecher.

All die genannten Ausdrucksdimensionen können sich in einem Wort oder Satz mischen und überlagern. Sie können sich in Sekundenbruchteilen ereignen und werden dem ungeübten Beobachter allenfalls in Zeitlupenaufnahmen sichtbar. Entscheidend ist letztlich der körpersprachliche Ausdruck in seiner Gesamtheit. Die Wirkung hängt nicht von einzelnen Gesten oder Haltungen ab, ausschlaggebend für die Glaubwürdigkeit ist die Harmonie bzw. Disharmonie im Zusammenspiel aller Ausdrucksaspekte.

Die Konsequenz für Sie aus diesem Kapitel kann nur sein, gar nicht erst Verstellung zu probieren, sondern ganz Sie selbst zu sein. Umgekehrt heißt das: Sie sollten sich nicht dazu drängen lassen, Dinge zu vertreten, von denen Sie nicht überzeugt sind. Versuchen Sie lieber, das, wovon Sie überzeugt sind, so zu sagen, dass Ihre Gesprächspartner geneigt werden, es zu akzeptieren.

Mehr darüber, was Ihnen hilft, Ihre natürliche Gestik aktiv zu entwickeln, folgt im nächsten Kapitel.

Kriterien für eine authentische Körpersprache

Woran lesen nun Gesprächspartner bzw. Zuhörer konkret ab, was sie von einem Sprecher zu halten haben, und was können sie tatsächlich zulässigerweise entnehmen? Für die Echtheit und Authentizität gibt es folgende Kriterien:

1. Am Grad der *Stabilität der Haltung* eines Sprechers ist seine innere Stabilität, d. h. seine (Selbst-)Sicherheit und das Maß seines Engagements ablesbar.

2. Am Grad der *Kontinuität* des Flusses seiner *Gestik* ist seine Natürlichkeit und seine Entspanntheit erkennbar, d. h. wie authentisch oder künstlich er auftritt.

3. Am Grad der *Öffnung seiner Gestik* ist seine Offenheit und Aufrichtigkeit ablesbar.

4. Im Maß der *Bewegung seiner Hände und Arme* drückt sich die Identifikation des Sprechers mit Anlass und Inhalt sowie sein persönliches

Engagement dabei aus. Übertriebene Bewegung kann dabei oft einen kompensierten Mangel an wirklichem Engagement ausdrücken.

5. Daran, ob die *Stimme* aus Bauch, Brust oder Kehle klingt, und am Maß ihrer Variation lässt sich vieles über die Selbstsicherheit und Aufrichtigkeit eines Sprechers erkennen. Eine Stimme aus dem Bauch deutet auf innere Identifikation und innere Ruhe hin. Eine Stimme aus der Kehle auf Sachbetontheit und innere Verschlossenheit
6. Aus der Stabilität des *Blicks* und der Intensität der Wahrnehmung von Gesprächspartnern und Zuhörern lassen sich Schlüsse sowohl über die innere Sicherheit des Sprechers als auch über seine Kontaktfähigkeit bzw. -sicherheit ziehen.

Mehr als neunzig Prozent dieser Signale werden vom Sprecher unbewusst gesendet und vom Zuhörer ebenfalls unbewusst registriert und verarbeitet. Ein aufmerksamer Beobachter kann sich aus allen Indizien ein ziemlich präzises Bild von der Persönlichkeit eines Sprechers und seiner Authentizität machen. In meiner Tätigkeit habe ich im Lauf der Jahre etwa 45.000 Video-Sequenzen auf Körpersprache hin analysiert und dabei festgestellt, dass es keine zufälligen Bewegungen gibt. Alle drücken etwas aus.

Insgesamt ist bei der Deutung körpersprachlichen Verhaltens zu beachten, dass eine Deutung nur dann mit hoher Wahrscheinlichkeit zutreffend sein kann, wenn sie auf einer Reihe von Indizien basiert und der gesamte Situationszusammenhang bei der Interpretierung berücksichtigt wird.

Wie Sie wirkungsvoll auftreten und präsentieren

Einsatz der Körpersprache beim Reden

Wie sollten Sie nun Ihre Körpersprache in rhetorisch-kommunikativen Situationen einsetzen? Was sollten Sie tun, was lassen, um wirklich zu überzeugen? Sie haben aus dem bisher Gesagten schon entnehmen können, dass es wenig Sinn hat, bewusst Gesten und Bewegungen einzustudieren. Sollten Sie Ihren Körper ganz sich selbst überlassen? Kann man denn nicht doch lernen, seine „Körpersprache“ so zu beherrschen, dass man sie aktiv sprechen kann? Und wenn, wie kann man gegebenenfalls körpersprachliche Signale bei Überzeugungsversuchen wirksam einsetzen?

Es scheint zunächst ganz leicht, sich vorzustellen, bewusst ein paar Gesten der Zuwendung oder der Betonung in sein Sprechen einzubauen. Aber nach der bereits dargelegten Fülle von Aspekten und Dimensionen der Körpersprache wird doch auf den zweiten Blick deutlich, dass es schier unmöglich ist, gleichzeitig sinnvoll zu sprechen und dabei seine Blickrichtung, Kopfhaltung, Rumpfhaltung, Beinhaltung, die Bewegungen der linken und rechten Hand sowie die Modulation der eigenen Stimme bewusst zu steuern und zu kontrollieren. So scheidet eine künstliche glaubwürdige Darstellung oder Manipulation der Körpersprache weitgehend aus. Dafür ist sie zu komplex.

Was können Sie trotzdem tun, um möglichst viel Wirkung durch Ihr Auftreten und Sprechen zu erzielen? Wie können Sie die erkannten Ausdrucksmöglichkeiten Ihres Körpers so aktivieren, dass Sie doch einen Nutzen davon haben?

Die Antwort kann nur dahin gehen, die Voraussetzungen für einen natürlichen und souveränen körpersprachlichen Ausdruck zu schaffen. Wenn Sie energiegeladen, engagiert und von Ihrer Sache überzeugt sind, dann können Sie Ihre Körpersprache frei agieren lassen und sich darauf verlassen, dass Sie damit überzeugen. Jeder Eingriff in ihre Natürlichkeit kann dagegen nur stören. Alles was im ersten Teil dieses Buches zum Thema Persönlichkeit gesagt wurde, kommt jetzt hinsichtlich der Körpersprache zum Tragen. Wenn Sie wissen, was Sie wollen, wenn Sie innerlich klar sind und wenig Konflikte in sich tragen, dann sind all das die besten Voraussetzungen, um von Ihrem körpersprachlichen Auftreten her überzeugend zu wirken.

Da jeder normale Mensch in unbefangenen Gesprächssituationen eine natürliche Körpersprache hat, geht es eigentlich nur darum, sich diese Natürlichkeit auch in stressigeren Situationen zu bewahren.

Mentale Voraussetzungen dafür sind:

- Ehrlichkeit; sprechen Sie nur aus eigener Überzeugung;
- Klarheit darüber, worum es Ihnen eigentlich geht, worauf es Ihnen ankommt und was Sie wirklich wollen;
- positive Einstellung zu den Zuhörern: „Die müssen das wissen, damit sie ...“;
- Entspanntheit, gegebenenfalls Atemübungen oder „autogenes Training“;
- sich Zeit nehmen; sich hinstellen und zur Ruhe kommen, ruhig anfangen zu sprechen und auch während des Sprechens Pausen machen;
- eine gute Vorbereitung auf das, was Sie sagen wollen.

Auf dieser Basis können Sie dann einige geistige Grundhaltungen für das konkrete Sprechen ableiten:

Körperhaltung

Als Sprecher sollten Sie sich bemühen, gerade und aufrecht vor Ihren Zuhörern zu stehen. Das bezieht sich vor allem auf die Haltung von Kopf und Schultern. Nach vorne gezogene Schultern drücken Angst und Abwehrbereitschaft aus; nach hinten gezogene Schultern wirken leicht überheblich und arrogant. Ein schief gehaltener Kopf wirkt harmlos.

(Selbst-)Sicherheit und Standfestigkeit drücken sich vor allem darin aus, wie Sie stehen. Wer mit seinen Füßen schulterbreit und ruhig dasteht, macht auf Zuhörer und Zuschauer einen ruhigen und selbstsicheren Eindruck. Der erstreckt sich dann nicht nur auf das Thema, sondern auf die gesamte Person.

Achten Sie darauf, von Beginn an fest auf beiden Füßen zu stehen. Sie gewinnen dadurch ein Sicherheitsgefühl. Schaffen Sie sich damit einen Ausgangspunkt und eine Plattform für die weitere Rede. Viele Sprecher, die diese Grundhaltung nicht einnehmen, wackeln während einer ganzen Rede von einem Bein zum andern und verbreiten damit Unruhe und den Eindruck, nicht sicher im Thema zu stehen. Bleiben Sie möglichst auch die ganze Zeit, während Sie reden, an einem Punkt stehen und wechseln Sie Ihren Standort nur selten, beziehen Sie dann aber immer wieder einen neuen Standpunkt.

Vielfach können Sie beobachten, dass ein Sprecher, wenn er sich von einem Argument oder einer Person angegriffen fühlt, unwillkürlich einen Schritt zurücktritt. Der Körper lügt nicht und zeigt mit dieser Reaktion, dass der Sprecher sich zumindest distanziert, am liebsten vielleicht sogar die Flucht anträte.

Mimik

Natürliche Mimik lebt und wechselt ständig das „Gesicht". Warum erleben wir es trotzdem so häufig, dass Sprecher während ihres Vortrages (im wahrsten Sinne des Wortes) keine Miene verziehen? Das hat im Wesentlichen zwei Gründe. Zum einen zeigt sich darin mangelndes Engagement und mangelnde Überzeugung des Sprechers bezüglich dessen, was er vorträgt. Wer jedoch von seinem Thema selbst nicht begeistert ist, kann diese Begeisterung auch nicht auf die Zuhörer übertragen.

Zum anderen kann fehlendes Mienenspiel bei einem Vortrag in der situativen oder chronischen Unsicherheit des Sprechers begründet sein. Dann gleicht sein Gesicht einer Maske, hinter der er seine wahren Gefühle bewusst oder unbewusst versteckt. Das kostet Kraft, denn der natürliche Energiefluss wird gestaut. Häufig entlädt sich diese Spannung in anderen Bewegungen, wie z. B. dem oben erwähnten Hin- und Herwippen von einem Bein auf das andere. Der Sprecher kann auch versuchen, die Spannung unter Kontrolle zu halten. Dann wirken seine Haltung und damit der gesamte Vortrag verkrampft.

Zeigen Sie lieber Ihr wahres Gesicht. Sprechen Sie lieber aus, wenn Sie selbst an etwas zweifeln oder unsicher sind. Vielfach wird trotz Zweifeln eine Entscheidung klar zu treffen sein, weil die Zweifel nur geringfügig sind. Geben Sie sich und notfalls auch gegenüber einer Gruppe zu, dass Sie aufgeregt sind, vor so vielen Leuten über ein so delikates und heikles Thema zu sprechen. Meistens ist im Moment des Zugebens von etwas, das man lieber verborgen hätte, schon der Druck raus und von da ab ist die Körpersprache dann klarer und überzeugender. Also: Masken fallen lassen und sich zu sich bekennen.

Gestik

Verhaltenspsychologische Untersuchungen haben, wie schon erwähnt, gezeigt, dass sich natürliche Gesten ungefähr eine halbe Sekunde vor dem gesprochenen Wort ereignen. Der Körper reagiert schneller, als der Verstand Gemeintes in Worte formulieren kann. In Hand- und Armbewegungen kann große Ausdruckskraft liegen.

Manche Sprecher nehmen ihre Gesten unmittelbar, nachdem sie sie gemacht haben, zurück. Das sieht aus, als würden sie in sich zusammenfallen, und nimmt ihnen viel von ihrer Wirkung. Deutlich stärker und selbstsicherer wirkt es, wenn Sie Ihre Gesten sich frei im Raum entfalten lassen und sie am Ende eines Satzes oder Abschnittes noch einen Moment im Raum stehen lassen.

> Wenn Sie eine Rede mit den Worten schließen: „Wenn Sie in diesem Sinn also auch mitmachen wollen, dann sind Sie dazu herzlich eingeladen“, dann könnten Sie danach Ihre der Gruppe geöffnet zugewandten Hände noch zwei bis drei Sekunden stehen lassen und dabei noch mehrere Personen nacheinander anschauen.

Leider fließt die Gestik vieler Sprecher nicht frei. Bei manchen Sprechern gewinnt man den Eindruck, sie wissen nicht wohin mit den Händen, und häufig wandern diese dann bei Männern in die Hosentaschen; Frauen halten häufig die Hände vor den Solarplexus. In beiden Fällen ist der Energiefluss gestaut und die freie Entfaltung gebremst. Darin zeigt sich äußerlich eine innere Verkrampfung, unter der der Vortragende steht.

Vor allem ist es wichtig, dass Sie vor Sprechbeginn Ihre Hände entspannt und frei beweglich hängen lassen. Dann werden Ihre Hände von den natürlicherweise beim Sprechen kommenden Bewegungsimpulsen ganz leicht geführt werden. Achten Sie vor allem darauf, dass Sie Ihre Hände nicht durch Stift, Manuskript, Brille, Pult, Verschränkung oder Versenkung in den Hosentaschen blockieren.

Das gilt erst recht, wenn Sie beim Sprechen an einem Tisch sitzen. Am besten setzen Sie sich dann auf die vordere Kante Ihres Stuhls, sitzen ohne sich anzulehnen aufrecht, legen als Ruhehaltung Ihre Hände rechts und links auf die Tischplatte und lassen sie von dort aus ihre Bewegungen entfalten.

Stimme

Wenn man sagt, jemand spreche „im Brustton der Überzeugung", ist damit gemeint, dass diese Person überzeugend und glaubwürdig wirkt. Kraft und Stimme kommen dann von innen und klingen aus dem Rumpf heraus. Mit etwas Aufmerksamkeit ist es leicht zu unterscheiden, ob die Stimme eines Sprechers im Hals klemmt oder tiefer aus Brust oder Bauch heraus klingt. Wer von dort seine Stimmkraft bezieht, kann nicht nur deutlich mehr Lautstärke entfalten, sondern wirkt auch überzeugender, als jemand, der nur aus dem Kehlkopf heraus klingt.

Die Region, aus der Ihre Stimme klingt, ist Ausdruck Ihrer gesamten Persönlichkeit und Ihres innerlichen Einklangs mit sich. Solch eine Befindlichkeit lässt sich nicht auf Knopfdruck ändern. Dennoch können Sie sich mit bestimmten Übungen nach innen öffnen und Ihrer Stimme (und zugleich Ihrem Unterbewusstsein) eine Tür öffnen, um besser nach außen durchdringen zu können. Stellen Sie sich dazu breitbeinig und ein wenig weich in den Knien hin. Wiegen Sie Ihr Becken, als ob Sie eine Bauchtanzübung machen wollten, und versuchen Sie mit weit geöffnetem Mund einen langgezogenen Ton zu machen. Sie werden schnell merken, dass Sie mit dieser Übung in Persönlichkeitsdimensionen vorstoßen, die Ihnen bisher vielleicht fremd waren.

Neben dem Klang der Stimme ist auch deren Modulation von Bedeutung dafür, ob jemand lebendig und überzeugend wirkt oder nicht. Wer über längere Zeit mit monotoner Stimme spricht, schläfert seine Zuhörer ein. Ihm nimmt man nicht ab, dass er engagiert ist. Eine lebendige Stimme wechselt sowohl in Lautstärke als auch in Geschwindigkeit, Tonhöhe und Klangfarbe. Dadurch wird sie unabhängig von Sachgehalt und Wortwahl die Aufmerksamkeit von Menschen viel länger fesseln als der dramatischste Text, wenn er monoton vorgetragen wird.

Wenn Sie bei sich eine monotone Stimme feststellen, können Sie durch häufiges Singen daran arbeiten, sie beweglicher zu machen. Außerdem sollten Sie sich beim Reden häufiger das Gefühl der Übertreibung leisten und Ihre Stimme über ihre normalen Grenzen hinaustreiben. Versuchen Sie durch ein paar Aufnahmen Ihrer Stimme ein Gefühl für deren Innen- und Außenwirkung zu gewinnen und Ihre Außenwirkung zu steigern.

Atmung

Gute Atemführung ist Voraussetzung für gutes und resonanzreiches Sprechen: Sprechen aus dem Bauch heraus. Viele Menschen sind Flachatmer, sie atmen nur im Brustbereich. Dadurch werden andere Bereiche des Körpers mit weniger Sauerstoff versorgt, als es möglich wäre. So kommt es vor, dass manche Sprecher während einer Rede kurzatmig werden. Wenn Sie nicht in solche Situationen kommen wollen, können Sie üben, so tief in sich hinein einzuatmen, dass Ihr Zwerchfell sich dabei bewegt und die Bauchorgane massiert.

> Eine Grundregel für die Sprechpraxis ist, immer dann eine Pause zu machen, wenn man einatmen muss. Das bedeutet: Sprechen Sie in kurzen Sätzen.

Eine hilfreiche **Entspannungstechnik** vor Reden ist es, wenn Sie Körper und Geist durch folgende Atemübung in Einklang bringen: Zwei Schritte einatmen, vier Schritte ausatmen und zwei Schritte nicht atmen. Wenn Sie diese Übung drei Minuten lang durchführen, werden Sie deutlich entspannt sein.

Blickkontakt

Wer beim Sprechen ständig auf den Boden schaut oder in die Luft oder auf einen imaginären Punkt im Raum, der erweckt den Eindruck, die Zuhörer seien ihm nicht wichtig. Aber man kann Menschen nicht allein mit dem Verstand überzeugen, sie wollen sich auch emotional angesprochen fühlen.

Um einen tieferen Kontakt zu Ihren Zuhörern herzustellen, ist es notwendig, sie anzuschauen. Auch wenn viele Menschen anwesend sind, soll sich doch jeder wahrgenommen fühlen und den Eindruck haben, gemeint zu sein. Allein schon das Gefühl, Sie könnten ihn jetzt gleich und jederzeit anschauen und nur mit ihm sprechen, hält die Aufmerksamkeit von Zuhörern wach. Mit Ihrem Blick können Sie Menschen das Gefühl vermitteln, als Person angesprochen zu sein. So können Sie Ihre Partner auch gefühlsmäßig und innerlich erreichen.

Blickkontakt gibt Ihnen als Sprecher zudem die Möglichkeit, die Reaktionen der Anwesenden einzuschätzen und Ihre Argumentation gegebenenfalls daran neu auszurichten.

Zusammenfassung

Da sich in Ihrer Körpersprache auf spontane und unmittelbare Weise Ihr gegenwärtiges und vergegenwärtigtes Empfinden, Meinen und Wollen ausdrückt, ist sie stärker als Ihre Wortsprache das Medium Ihres Selbstausdrucks und für Ihre Glaubwürdigkeit entscheidend.

Vermeiden Sie deshalb alles, was Ihrer Körpersprache Natürlichkeit und Spontaneität nehmen könnte.

Wenn Sie aus innerer Überzeugung sprechen, brauchen Sie keine weiteren Gedanken an Ihre Körpersprache zu verschwenden. Sie wird dann ausdrücken, was ist, und damit ist das Ziel der Rhetorik erreicht.

Wie Sie frei sprechen können

Aus dem, was zum Einsatz der Körpersprache gesagt wurde, ergibt sich ein klares Ziel:

Formulieren Sie kein Redekonzept fertig aus, sondern sprechen Sie frei. Der römische Redner Cato der Ältere sagte in diesem Sinn: „Die Sache halte fest, die Worte werden sich schon einstellen."

Frei und lebendig sprechen

Abgelesene Reden wirken wie gemaltes Feuer: Sie wärmen nicht. Ihre Zuhörer sind Menschen, die etwas erleben wollen, die angesprochen und gemeint sein wollen. Sie wollen lebendig berührt werden und live miterleben, ob Sie den ständigen Kampf um das treffende Wort gewinnen oder verlieren.

Nur wenn Ihre Zuhörer erleben, spüren und fühlen können, dass Sie mit eigenen Gefühlen wie Ärger, Zorn oder Freude zu ihnen sprechen, werden sie sich auf analoge Gefühle einlassen und das mitempfinden, was Sie als Stimmung herüber bringen. Neurologen haben bei Primaten sogenannte Spiegelneuronen entdeckt, denen man auch die menschliche Fähigkeit zuordnet, empathisch mitempfinden zu können. Dieses Mitempfinden gelingt allerdings nur als Spiegelung von etwas, das ein anderer sendet.

Da bei abgelesenen Reden weder die Gestik noch das lebendige Gefühl eines Sprechers wesentlich aktiviert wird, kommt es nicht zu der Spiegelung. Vom Papier aufgenommene Inhalte legen nur den Weg vom Auge zum Mund zurück. Sie werden nicht gefühlt und vom Herzen erwärmt. Auch die Körpersprache, die überwiegend aus dem Gefühlsbereich gesteuert ist, wird entsprechend kaum aktiviert. Sie wird bei abgelesenen Reden um etwa 60 bis 80 Prozent reduziert. So werden Zuhörer dann nur auf der Verstandesebene informiert, aber weder emotional noch persönlich erreicht. Es reicht eben nicht zu erfahren, dass jemand etwas erfreulich findet, um sich mit ihm zu freuen. Das kann ein Zuhörer oder Partner erst, wenn er die Freude des anderen miterlebt. Dann fällt es ihm auch wesentlich leichter, einem Sprecher zu glauben, ihm zu vertrauen, sich auf ihn einzulassen und seine Meinungen oder sein Urteil anzunehmen. Und erst dann hat eine Rede ihren Zweck erfüllt.

Allen Wunschvorstellungen zum Trotz können Sie also mit einem geschriebenen Manuskript keine emotional fesselnde Live-Situation erzeugen. Auch auswendig gelernt bleibt eine solche „Rede“ nur von geringem Eindruck. Sie haben vielleicht schon erlebt, wie ein Kind ein Gedicht stocksteif vorgetragen hat und den Inhalt weder erfasst noch emotional herübergebracht hat. Wie deutlich der Unterschied zwischen frei gesprochen und abgelesen ist, können Sie auch bei Radiosendungen testen: Sie werden immer unterscheiden können, ob jemand frei spricht oder einen Text liest.

Zum wirksamen Überzeugen müssen Sie sich also mit Ihrer ganzen Persönlichkeit einbringen und kommen nicht umhin, frei und direkt zu Ihren Zuhörern zu sprechen.

Das setzt Übung voraus, aber Perfektion ist dabei nicht erforderlich. Eher Engagement. Lebendigkeit schlägt Perfektion. Kleinere Versprecher und Unvollkommenheiten werden Zuhörer Ihnen in der Regel gern verzeihen. Mit einem natürlichen Auftreten gewinnen Sie eher Sympathie. Das erleichtert es Ihren Zuhörern, sich mit Ihnen zu identifizieren. Cicero, einer der bekanntesten Rhetoriklehrer der römischen Antike, empfahl seinen Schülern sogar, am Anfang einer Rede gezielt etwas stockend zu sprechen und Unsicherheit zu zeigen, um damit Sympathie zu wecken. Soweit müssen Sie ja nicht unbedingt gehen, aber es kann Sie ermutigen, entspannt zu bleiben.

Kontakt

Als Sprecher wollen Sie eine Botschaft übermitteln und dafür vom Publikum Zustimmung erhalten. Ob Ihnen das gelingt oder nicht, hängt stark davon ab, wie gut und intensiv es Ihnen gelingt, Kontakt zu diesen Menschen herzustellen.

Deshalb ist alles zu vermeiden, was tatsächlich oder symbolisch die Distanz zwischen Ihnen und Ihren Zuhörern vergrößert. Das kann eine zu große Entfernung des Rednerplatzes von den Zuhörern sein, ein Rednerpult oder ein Tisch mit technischem Gerät, das Sie von Ihren Zuhörern trennt. Auch die Lautsprecher in einem Veranstaltungsraum können Ihre Stimme künstlich machen und Sie vom Publikum entfernen.

Achten Sie deshalb darauf, bereits im ersten Satz aktiv positiven Kontakt zu Ihren Zuhörern aufzunehmen, und sei es nur, indem Sie zum Beispiel fragen, ob Sie gut zu verstehen sind oder sonst eine alltägliche Bemerkung zu den Umständen. Eine tatsächliche Kontaktaufnahme unterscheidet sich von einer rein formalen dadurch, dass Sie Ihre Zuhörer persönlich wahrnehmen. Über den Blickkontakt wurde bereits gesprochen. Aber Sie können Ihre Zuhörer auch direkt ansprechen und gegebenenfalls kurz auf deren Signale reagieren.

Lacht etwa ein Zuhörer über eine Äußerung von Ihnen, dann können Sie darauf auch mit ganz einfachen Worten eingehen und den Kontakt verstärken: „Ja, da lachen Sie." Danach können Sie ohne weiteren Kommentar weitersprechen. Das würde als Kontaktsignal schon ausreichen.

In der Fähigkeit, auf aktuelle Begebenheiten spontan reagieren zu können, zeigt sich der Unterschied, ob Sie *vor* Zuhörern reden oder ob Sie *mit* Zuhörern sprechen.

Stichwortzettel

Eine sinnvolle Hilfe und Unterstützung zum freien Sprechen ist ein Stichwortzettel. Um ihn zu erstellen, müssen Sie vorher – wie im Abschnitt zu den Redegliederungen schon gezeigt – entscheiden, was Sie in welcher Reihenfolge sagen wollen. Wenn Sie sich das mittels einzelner Stichworte strukturiert auf einem Blatt notieren, haben Sie zureichend Erinnerungsauslöser, um zu jedem Punkt das zu sagen, was Sie sich vorgenommen haben.

Die Aufgabe Ihres Verstandes ist es dabei, Ihre Gedanken klar zu ordnen und unter Umständen einzelne Begriffe vorher zu planen und festzulegen.

Die Originalversion Ihres Sprechens darf sich aber nicht auf eine Verstandesleistung beschränken, sondern muss mehr eine Leistung Ihres Herzens sein und bleiben.

Ein Stichwortzettel soll also nicht nur, Ihr Gedächtnis entlasten, sondern Ihrem Herzen einen Leitfaden geben. Sie können dann mit Ihrer Persönlichkeit als Einheit von Seele, Körper und Geist wirken und überzeugen.

Auf einen idealen Stichwortzettel sollten Sie die fünf oder fünfundzwanzig Punkte Ihrer Vorbereitung zunächst malen und dann zu jedem Punkt ein oder zwei Stichworte notieren. Das Bild gibt Ihnen dann die Ordnung und die Worte wirken als inhaltliche Gedankenauslöser und erinnern Sie an das, was Sie zu dem jeweiligen Punkt sagen wollen.

Selbst wenn Sie dann ab und zu einen kleinen Anlauf brauchen, um einen Punkt voll zu treffen, so geht es letztlich ja nur darum, in jedem Punkt auf den zentralen Begriff, das eine richtige Wort zu kommen, das Sie sich dafür als „Stichwort“ aufgeschrieben haben. Jeder „Treffer“ (eventuell 25) ist dann sowohl für Sie als auch für Ihre Zuhörer ein Erfolgserlebnis.

Ein weiterer Vorteil eines solchen Stichwortzettels: Wenn Sie während einer vorformulierten Rede durch Zwischenfragen zu einem Seitentritt veranlasst werden und dabei den Faden verlassen müssen und verlieren, so gleicht das dem gefährlichen Absturz eines Seiltänzers von seinem Seil. Frei formulierendes Sprechen von Punkt zu Punkt gleicht dagegen dem sicheren Gang über eine Wiese von Baum zu Baum. Selbst kleine Umwege zum Blumenpflücken sind dabei unterwegs möglich und erlaubt. Mit locker sympathischem Zuhörerbezug, engagiert aus innerer Überzeugung, können Sie dann den Transport von Inhalten im Rahmen einer freundlich lebendigen Begegnung von Menschen stattfinden lassen.

Zur Vorbereitung hilft es sehr, wenn Sie Ihre Rede vorher mehrfach anhand Ihres Stichwortzettels formulieren. Sie üben dabei, Ihre Gedanken in Worte zu kleiden. Dabei werden Sie feststellen, dass Ihnen immer wieder neue Formulierungen einfallen. Wahrscheinlich werden Sie sogar Teile Ihrer Rede neu konzipieren, weil Ihnen beim lauten Sprechen weitere Zusammenhänge klar werden. Von Mal zu Mal werden Sie sich sicherer fühlen.

Während Sie beim Versuch, einen guten Text zu reproduzieren, immer Misserfolgserlebnisse haben werden, können Sie bei wiederholtem freiem Sprechen leicht das Erfolgserlebnis haben, mit Ihrem Anliegen immer vertrauter zu werden und von Mal zu Mal immer besser zu werden.

Pausen und Satzlänge

Pausen sind grundsätzlich dann zu setzen, wenn Sie atmen müssen. Außerdem, wenn Sie etwas Neues betonen wollen, besonders aber, wenn ein neuer Redeabschnitt oder ein neues Kapitel beginnt.

Der Anfang vieler Sätze ist erst verständlich, wenn sie zu Ende gesprochen sind. Darum brauchen Zuhörer am Ende von Sätzen eine kleine Atempause, um den Satz in sich aufzunehmen und zu verarbeiten. Sie sollten deshalb ausdrücklich darauf achten, nach jedem Satz eine kurze Pause zu machen.

Innerhalb eines Satzes können Sie sogenannte „Kunstpausen“ machen. Das ist eine Pause an unpassender Stelle, mit der Sie die besondere Aufmerksamkeit Ihrer Zuhörer auf einen speziellen Punkt richten können. Eine Kunstpause dient also der besonderen Betonung.

Die beste Aufnahme erreichen Sie bei einem Verhältnis von Satz- zu Pausenlänge von 13 Sekunden zu 2 Sekunden. Sprechen Sie in längeren Sätzen, laufen Sie Gefahr, die Aufmerksamkeit von Zuhörern während eines Satzes zu verlieren. Die statistisch mittlere Aufmerksamkeitsdauer von Zuhörern beträgt eben 13 Sekunden.

Blackouts überwinden

Eine der unangenehmsten Situationen, die man sich vorstellen kann, ist, vor Zuhörern zu stehen, etwas sagen zu wollen – und dann reißt einem der Faden. Wenn wir nicht mehr wissen, was wir sagen wollten, und feststecken, können wir das als peinlich, als Blamage oder aber auch als existenzielles Versagen empfinden und durch den entstehenden Stress noch mehr blockiert sein. Vor allem Menschen, die wenig Erfahrung mit Reden haben, steht diese Notlage oft als Horrorvision vor Augen.

Ein solcher Blackout findet in der Regel auf der Sachebene statt. Jedem ist es vermutlich schon einmal passiert, dass er kurzfristig nicht weiter wusste, aber meist hilft man sich dann doch irgendwie weiter oder mogelt sich über die Runden. Grundsätzlich ist das Fehlen eines inhaltlichen Punktes nicht schlimm. Eine solche Situation wird nur dann schlimm, wenn Sie den Kontakt zu Ihren Zuhörern verlieren und/oder wenn Sie Ihre Rede oder Präsentation abbrechen würden.

Wichtig ist in einer solchen Situation vor allem, dass Sie weitermachen. Meist werden Sie Ihren Faden oder mindestens Ihr Redeziel wiederfinden können, wenn Sie sich fragen:

„Worum geht es mir?“ oder

„Worauf kommt es mir eigentlich an?“

Auf dieser Basis können Sie auch mal Detailpunkte weglassen und einräumen, dass Sie noch einen anderen Punkt sagen wollten, der Ihnen aber gerade entfallen ist, und den Schwerpunkt auf das Wesentliche und das Ziel Ihrer Aussage legen.

Vor allem dürfen Sie den Bezug zu Ihren Zuhörern nicht verlieren. Ein Riss im sachlichen Faden darf nicht zu einem Kontaktabriss führen. Beziehen Sie Ihre Zuhörer lieber mit ein. Sagen Sie, dass Ihnen der Faden gerissen ist, suchen Sie öffentlich Ihren Stichwortzettel und orientieren sich laut denkend daran, fragen Sie gegebenenfalls, was Sie als letztes gesagt haben, und bleiben Sie auf jeden Fall mit der Gruppe im Gespräch. Das alles entkrampft die Atmosphäre, entspannt Sie und erleichtert es Ihnen, dcn Faden wieder aufzunehmen. Mit einem Stichwortzettel kann Ihnen sowieso nichts passieren, Sie sollten also immer einen dabei haben. Nicht um ihn zu benutzen, aber um die Sicherheit einer Feuerversicherungspolice zu haben. Und wenn Sie noch einen „coolen" Spruch für alle Fälle auf Lager haben, ernten Sie einen Lacher von der anderen Seite:

„Da können Sie mal erleben, wie ein Profi ins Schwitzen kommt."

Zum Einsatz von Power-Point

Im betrieblichen Alltag gibt es kaum noch Präsentationen ohne Laptop, Beamer und Power-Point-Charts. Man kann das begrüßen, weil es stringentere Argumentationen und klarer strukturierte Rede- und Gedankenabläufe ermöglicht. Damit verbunden ist aber trotz aller Visualisierungsbemühungen eine neue Form der Monotonie und meist auch eine Abwertung der Person des Sprechers. Nicht er wirkt mehr als der Urheber seiner Worte, sondern die Bilder an der Wand wirken als Auslöser. Damit wird der Sprecher zum Vorleser oder bestenfalls Kommentator entwertet.

Sie werden feststellen: Je ranghöher eine Person ist, umso weniger setzt sie Power-Point-Charts ein. Ein Regierungschef präsentiert nicht mit Charts, ein Vorstandsvorsitzender auch eher selten, ein Papst, ein Bischof, ein König, die Queen, sie alle sind ranghoch – und sprechen selbst. (Dass viele Auftritte solcher Personen wenig überzeugend sind, liegt zum Teil darin begründet, dass sie nicht wirklich selbst Urheber ihrer Worte sind: Die Queen muss die Reden des Premierministers vorlesen, Regierungschefs präsentieren Kabinettsbeschlüsse.)

Stellen Sie sich also nicht auf eine rangniedrige Stufe, sondern sprechen Sie selbst. Präsentieren Sie möglichst auch nicht anhand vorgegebener Charts, sondern bleiben Sie deutlich erkennbar in der Rolle der Urheberschaft und des Urteilens.

Fakten zu präsentieren macht Sie als Sprecher nicht bedeutsam, Ihre Bedeutung und Kompetenz liegt in Ihrer Fähigkeit, Situationen und Zusammenhänge hinsichtlich ihrer Bedeutung und Wichtigkeit zu bewerten und einzuordnen. Darauf sollten Sie den Schwerpunkt in Ihrem Reden legen, dann wirken Sie überzeugend.

Selbst wenn Sie die Informationen und Fakten, die Ihren Einschätzungen zugrunde liegen, in einer Rede mitteilen, sollten Sie doch darauf achten, dass Ihre Rolle als Bewertender und Beurteilender während Ihres gesamten Redens sichtbar bleibt.

Begrenzen Sie also die Menge Ihrer Charts. Beginnen Sie immer, indem Sie eine Passage frei sprechen und erklären, worum es geht und worauf es ankommt. Zeigen Sie dann eventuell ein paar Charts, aber treten Sie immer wieder selbst in die Rolle des Abwägenden, Bewertenden oder Beurteilenden. Decken Sie in diesen Phasen möglichst die grelle Leinwand ab. Besonders in Ihrer Schlusszusammenfassung sollten Sie in freien eigenen Worten ohne Bilder auf der Leinwand frei formulieren und sich den Zuhörern direkt und persönlich zuwenden.

Wie Sie sich gegen Einwände, Widerstand und Angriffe behaupten

Nicht Einwände oder Angriffe sind das Schlimmste, was Ihnen beim Reden passieren kann, gefährlicher noch ist die Angst davor. Wenn Sie Unsicherheit zeigen, werden Sie gejagt; wenn Sie schwanken, werden Sie gestürzt. Aber auch wenn Sie sich zu hart machen, können Sie zerbrochen werden. Insofern besteht die erste Empfehlung zur Selbstbehauptung darin, sich persönlich und inhaltlich gut vorzubereiten und die bisher genannten Grundsätze zu beherzigen.

Die Kunst der Selbstbehauptung besteht vor allem darin, Gelassenheit zu bewahren und souverän zu agieren – und nicht zu reagieren. Das ist leichter gesagt als getan, und dabei geht es mehr um innere Einstellungen als um äußere Verhaltenstechniken. Dennoch erhalten Sie hier einige Empfehlungen, die Ihnen zusätzlich helfen können. Sie dürfen Sie ausnahmsweise wirklich als Techniken für Notfälle verstehen, die ähnlich wirken, wie ein Stahlkabel entlang des Weges durch eine Tropfsteinhöhle: Wenn das Licht ausfällt (Blackout) müssen Sie sich nur davon bis zum Ausgang leiten lassen. Anders gesagt: Diese Techniken sichern Ihr (rhetorisches) Überleben.

Zeit gewinnen

Egal, in welche Verlegenheit Sie kommen, zuerst ist es wichtig, dass Sie Zeit gewinnen, um wieder klar und ruhig zu werden. Dabei hilft es, wenn Sie die Einwender oder Angreifer grundsätzlich ausreden lassen und dabei ruhig und fest auf beiden Beinen stehen bleiben. Achten Sie auch einmal bei anderen Sprechern darauf, wie es wirkt, wenn jemand ständig vorzeitig versucht, Antworten zu geben und im Ansatz schon wieder von einem anderen, der sich noch nicht ausreichend entladen hat, abgebrochen wird. Jeder scheiternde Redeversuch eines Sprechers bedeutet einen Minuspunkt für ihn. Sprechen Sie deshalb immer erst dann, wenn der andere wirklich fertig ist.

Rückfragen stellen

Wenn Sie dann eine Antwort wissen, können Sie sie ihm geben. Wenn Sie aber noch nicht wissen, was Sie sagen sollen, können Sie erst einmal eine oder mehrere Rückfragen stellen:

„Wie meinen Sie das?“

„Worauf kommt es Ihnen dabei an?“

„Was veranlasst Sie zu dieser Frage?“

Sie gewinnen dadurch wiederum Zeit und können zugleich tatsächlich den Fragehintergrund klären.

Zusammenfassend wiederholen

Wenn Ihnen dann eine passende Antwort darauf einfällt, können Sie sie geben. Falls aber nicht, dann können Sie erst einmal in Ruhe zusammenfassend wiederholen, was der Fragende oder Einwendende gerade gesagt hat:

> *„Wenn ich Sie also richtig verstehe, geht es Ihnen um die Frage ... und vor allem um den einen Punkt, ob .... "*

Antworten

Dann sind Sie frühestens mit Ihrer Antwort dran. Und diesbezüglich sollten Sie sich darüber klar sein, dass ein Hinweis wie:

> *„Da müsste ich mich in die Details selber noch einmal vertiefen", oder:*

> *„Damit Sie sich auf eine Auskunft von mir auch wirklich verlassen können, möchte ich das lieber noch einmal prüfen, bevor ich Ihnen dazu etwas sage"*

durchaus kompetent und angemessen sein können. Sie müssen nicht alles wissen. Sie können sogar antworten:

> *„Ich bin mir da nicht ganz sicher, aber von meiner derzeitigen Einschätzung her geht es in die und die Richtung."*

Unangemessen wäre es auf jeden Fall, sich wie ein Schüler, der bei einer Wissenslücke ertappt wurde, zu verhalten. Im Gegensatz zu einem Prüfling können Sie es sich als erwachsener Mensch auch Kunden und Vorgesetzten gegenüber erlauben, erwünschte zusätzliche Informationen und Auskünfte gezielt einzuholen.

Widerspruch vermeiden

Wenn Behauptungen gegen Sie aufgestellt werden und Ihnen widersprochen wird, vermeiden Sie möglichst selbst Widerspruch. Jede Formulierung von Ihnen wie:

> *„Nein", „nicht", „stimmt nicht", „falsch", „aber"*

weckt neuen Widerstand. Die Alternative liegt in Formulierungen wie etwa:

„Ja, das ist eine Möglichkeit. Eine andere ist diese und aus folgendem Grund, halte ich sie für sinnvoller." oder:

„Für wichtiger halte ich folgenden Punkt ..." oder:

„Ich wäre dazu bereit, wenn...",

und Sie fügen eine unerfüllbare Bedingung hinzu.

Eindrücke annehmen

Egal, welche Behauptungen oder persönlichen Angriffe jemand in den Raum stellt oder welchen Unfug er behauptet, Sie brauchen nicht frontal dagegen anzugehen, wenn Sie mit einem *„aha"* feststellen, dass der Einwender also den Eindruck hat, etwas sei so und so. Entweder lassen Sie seine Aussage damit einfach so stehen oder räumen ein, dass es nicht in Ihrer Absicht gelegen hat, diesen Eindruck zu erwecken, dass es Ihnen leid tut, dass dieser Eindruck entstanden ist, oder gar, dass Sie selbst, wie schon gesagt, einen anderen Eindruck bzw. eine andere Einschätzung der Sachlage haben. Mit dieser Methode können Sie grundsätzlich alles zum subjektiven „Eindruck" des anderen machen und erheblich entschärfen.

Vorwärts argumentieren

Lassen Sie sich nicht auf Diskussionen über Punkte ein, die Ihnen unangenehm oder lästig sind. Versuchen Sie auch nicht, schlagfertig oder witzig zu sein. In der Anspannung einer solchen Situation gelingt das meistens nicht. Halten Sie sich lieber an die Grundregel, substanziell und vorwärts gerichtet zu argumentieren:

„Das, worum es hier geht und worauf es mir persönlich für Sie ankommt, ist ..."

Und dann können Sie jederzeit auf der Basis Ihrer Fünfer-Struktur eine kurze Zusammenfassung des Ganzen bringen und an dem Punkt weitermachen, an dem Sie gerade sind.

Diskussionspunkte offen stehen lassen

Haben Sie auch den Mut, Diskussionspunkte offen zu lassen und einfach freundlich zu beenden:

> *„Ich sehe, wir kommen an dieser Stelle nicht weiter. Ich lasse das an dieser Stelle deshalb einmal so stehen und komme zu meinem nächsten Punkt: ...“*

Notfalls können Sie das auch in der verschärften Form tun und sagen:

> *„Ich glaube, die Diskussion an diesem Punkt führt jetzt nicht weiter, und ich breche sie deshalb an dieser Stelle ab. Wichtiger scheint mir jetzt zu sein noch darüber zu sprechen ...“*

Nachdrücklich beharren

Sollte nun jemand darauf bestehen, einen Punkt weiter zu diskutieren, können Sie darauf beharren, dass Sie das für unergiebig halten und dass Sie zum nächsten Punkt kommen wollen, „der nämlich lautet: ...“. Falls Sie damit beim ersten Versuch nicht durchkommen, schalten Sie freundlich auf „Schallplatte mit Sprung“ und wiederholen mehrmals freundlich und bestimmt, dass Sie diesen Punkt abschließen und zum nächsten kommen wollen.

Anordnen, was Sie nicht verhindern können

Sollten Sie trotzdem nicht verhindern können, dass ein Teilnehmer Ihrer Veranstaltung etwas gegen Ihren ausdrücklich erklärten Willen tut, beispielsweise weitere Beiträge einbringt oder eine Diskussion mit anderen anzettelt, dann können Sie sich dennoch in der Rolle als Moderator und Sprecher behaupten, indem Sie notfalls genau das, was Sie nicht verhindern können, anordnen und dann moderieren:

> *„O. k., ich sehe, dieser Punkt ist Ihnen wichtig, Sie haben das Wort.“*

Gleichzeitige Widerstände in ein Nacheinander ordnen

Manchmal droht in einer Gruppensituation ein Chaos auszubrechen, wenn sich mehrere Teilnehmer gleichzeitig über etwas aufregen und widersprechen wollen. Sie werden es je nach Erregungsgrad der Anwesenden nicht verhindern können. Da letztlich aber jeder mit seinem Beitrag von allen anderen gehört werden möchte, wird es meistens von einer Gruppe akzeptiert, wenn Sie als Sprecher eine Moderatorenrolle übernehmen und dafür sorgen, dass jeder einer nach dem anderen zu Wort kommt:

> *„Erst Sie, dann Sie, dann Sie.“ Sagen Sie möglichst nicht: „Sie jetzt nicht!“*

Selbst wenn Ihre Aussageinhalte total umstritten sein sollten, können Sie sich als Moderator Ihre Autorität bewahren oder wiedergewinnen und sie später wieder für Ihre eigenen Beiträge einsetzen und verwenden.

Verschiedene Möglichkeiten der Moderation

Wenn sich zu Ihrer Präsentation mehrere Teilnehmer einer Gruppe zu Wort melden, haben Sie grundsätzlich zwei Möglichkeiten, wie Sie damit umgehen: Entweder Sie sammeln alle Beiträge und geben dann eine gebündelte Antwort auf alle, oder aber Sie bestehen darauf, jedem Gesprächspartner immer zuerst eine Antwort zu geben, ehe Sie dem nächsten das Wort erteilen. Bei der ersten Methode gewinnen Sie Zeit und geben einer Gruppe Gelegenheit sich abzureagieren, im zweiten Fall können Sie Ihre geplante Rede stückchenweise in die Beantwortung der jeweiligen Fragen einfließen lassen.

Unfaire persönliche Angriffe aufdecken und überspitzen

Falls jemand Sie auf persönlich beleidigende Art angreifen sollte, können Sie das meistens im ersten Zug dadurch in seiner Wirkung entschärfen, wenn Sie den Angreifenden bitten, seine Aussage zu wiederholen. Meist ist dann schon ein Teil seiner emotionalen Ladung verpufft und im zweiten Anlauf wird sein Angriff schwächer sein. Im nächsten Zug können Sie dann den anderen Zuhörern und Zeugen dieser Situation Ihre Souveränität demonstrieren, indem Sie selbst noch einmal in aller Ausdrücklichkeit und wenn möglich in einer überspitzen Formulierung öffentlich wiederholen, was der andere gesagt und Ihnen vorgeworfen hat:

„Meine Damen und Herren, Sie haben es gehört: Herr NN. hat gesagt, ich sei ein Idiot. Nun bin ich froh zu wissen, was er von mir hält, und komme zu meinem nächsten Punkt: ...“

Teile und herrsche!

Wenn Sie nach einem Angriff oder Vorwurf zunächst einmal ratlos sein sollten, kann Ihnen auch die folgende Strategie helfen, sich zu behaupten: Sie fragen einfach den Nachbarn des Angreifers, wie er zu dem Vorwurf steht. Vielfach werden Sie dann aus reiner Bequemlichkeit die Antwort erhalten: „Ich sehe das genauso“. Der restliche Zuhörerkreis wird dann insgeheim grinsen. Doch dadurch sollten Sie sich nicht erschrecken lassen. Fragen Sie nach einem kurzen „aha“ den nächsten in der Runde, wie er die Angelegenheit sieht. Vermutlich wird diese Person auch noch dem ersten Angreifer zustimmen, sie kann aber damit keinen besonderen Effekt mehr erreichen. Der Stoßeffekt ist also ausgelaufen.

Wenn Sie dann den vierten fragen, wie er zu dem Vorwurf, der Ihnen gemacht wurde, steht, werden Sie mit an Sicherheit grenzender Wahrscheinlichkeit die Erfahrung machen, dass diese Person sich von den ersten drei Befragten abgrenzt und eine Differenzierung vornimmt. Der psychologische Grund dafür liegt darin, dass sich die vierte Person durch eine weitere Bestätigung weder ein positives Selbstgefühl noch eine positive Gruppenresonanz verschaffen kann. Sie wird sich daher durch Abgrenzung von den anderen zu profilieren versuchen. Das bedeutet nicht, dass diese Person auf Ihre Seite springt. Man besteigt nicht gern ein möglicherweise sinkendes Schiff. Dennoch besteht hier Ihre Chance: Treiben Sie den Keil in den Spalt, der sich durch die Abgrenzung zu den Vorrednern öffnet und verstärken Sie ihn:

„Wie meinen Sie das?“ oder:

„Wie sehen Sie dann den ersten Beitrag von Herrn/Frau NN.?“.

Wenn der vierte Zuhörer dann dem ersten widerspricht und der erste den vierten unfreundlich belehrt, haben Sie Ihr Ziel erreicht: Die Gruppenmitglieder streiten untereinander und Sie sind als freundlicher Moderator der Diskussion der lachende Dritte. Das entspricht dem alten Herrschaftsprinzip: „Divide et impera“, am besten zu übersetzen mit „Spalte und herrsche“. Im Diskussionsverlauf können Sie weitere Personen durch Fragen aktivieren und als Moderator den Streithähnen abwechselnd das Wort erteilen ohne selbst Stellung zu beziehen. Wenn die Diskussion dann schließlich ausufert, brechen Sie sie ab und stellen fest, dass es offensichtlich unterschiedliche Auffassungen zu dem Punkt gibt und fahren mit dem nächsten Punkt fort.

Vorbeugen durch frühzeitig aufgestellte Spielregeln

Vielen Schwierigkeiten der bisher aufgezeigten Art können Sie entgehen, wenn Sie zu Beginn einer Präsentation oder Veranstaltung klare Spielregeln bzw. eine Geschäftsordnung für den Ablauf festlegen. Am besten kündigen Sie vorher schon an, dass Fragen am Ende gestellt werden können. Sie haben dann die Handhabe, alle zwischendurch auftretenden Fragen und Beiträge zurückzustellen und müssen sie nicht „unterwegs“ beantworten. Je größer eine Gruppe ist, desto leichter wird es sein, Akzeptanz für solche Spielregeln zu finden. In kleineren Gruppen wird eher die Neigung zu Zwischenfragen bestehen. Sie sollten sich bewusst bleiben, dass Sie in Ihren vorbereiteten Beiträgen in mehreren Schritten auf ein Ziel hin arbeiten und dass Unterbrechungen Ihre Dramaturgie gefährden. Daher gelten für jeden Zwischenstopp als oberste Regeln:

- So kurz und knapp wie möglich beantworten,
- sich nicht vom Faden abbringen lassen und
- so schnell wie möglich weiter vorwärts.

Nicht vom ersten Diskussionsredner erschrecken lassen

Wenn Sie dann nach einer Präsentation die Diskussion eröffnen, sollten Sie grundsätzlich davon ausgehen, dass sich bei einer Veranstaltung mit mehr als dreißig Personen der erste Teilnehmer, der sich für einen Beitrag meldet, vor allem selbst profilieren will. Das kann er am leichtesten, wenn er sich an Ihnen reibt und eine Aussage von Ihnen oder Ihre Schlussfolgerung in Zweifel zieht. Erschrecken Sie also nicht, wenn die erste Reaktion scheinbar negativ ist. Das ist normal. Wer sich vor vielen Leuten als erster zu Wort meldet, braucht erhebliche psychische Energie um die Hemmschwelle zum Sprechen zu überwinden. Diese Energie stammt meistens nicht aus echtem Sachinteresse, sondern aus einer profilneurotischen Persönlichkeitsstruktur. Damit eine Diskussion oder eine Gesprächsrunde nach einer Rede oder Präsentation sachdienlich und konstruktiv ist, empfehle ich eher, die Teilnehmer einzuladen, sich in einer anschließenden Kaffeepause mit Ihren Fragen an den Referenten zu wenden.

Ein Moderator für die Diskussion

Wenn es sich als sinnvoll oder notwendig erweist, eine Diskussion in einem größeren Plenum zu veranstalten, kann es sehr hilfreich sein, wenn jemand anderer als Sie diese Diskussion moderiert. Sie sollten dann zuvor mit dem Moderator abstimmen, ob er jede Frage direkt an Sie weiterleitet oder erst ein paar Publikumsbeiträge sammelt, ehe er daraus Fragen an Sie formuliert. Ein geschickter Moderator kann je nach Lage beruhigend oder anregend auf die Veranstaltung einwirken. Er kann eventuelle Angriffe auf Sie abfedern und entschärfen oder sich solche auch leichter verbitten, als Sie das tun könnten. Vor allem kann er auch eine Redezeitbegrenzung für Frager einführen und überwachen, damit niemand in Versuchung kommt, sich als Co-Referent aufzuspielen.

Zusammenfassung

Alle mitgeteilten Empfehlungen haben sich in der Praxis bewährt. Vermutlich und hoffentlich werden Sie selten in Situationen kommen, die so dramatisch sind, wie hier unterstellt. Bei entsprechender Vorbereitung ist es ohnehin unwahrscheinlich. Dennoch ist es wichtig, dass Sie das Gefühl haben, auch für die schlimmstmöglichen Situationen Methoden zu kennen, mit denen Sie sich notfalls nicht nur retten, sondern sogar souverän behaupten können. Allein durch die Beschäftigung mit den Schutztechniken dieses Abschnitts wird Ihre Angst vor rhetorischen Unglücksfällen schon gemindert sein. Je sicherer Sie aber auftreten, desto unwahrscheinlicher ist es, dass jemand aus dem Publikum überhaupt auf die Idee kommt, sich mit Ihnen anlegen zu wollen. Das gilt analog zu der Erfahrung, dass jemand, der eine Kampfsportart beherrscht, nicht so leicht angegriffen wird und sie deshalb in der Realität kaum anzuwenden braucht.

5. Wie Sie sich optimal auf eine Rede vorbereiten

Die Vorbereitung

Grundentscheidungen

Wer ohne rhetorische Reflexion eine Rede vorbereiten will, verliert sich leicht in inhaltlichen Details und hat schließlich oft Mühe, die Fülle seines Materials in eine geeignete und rhetorisch attraktive Form zu bringen. Daher ist es sinnvoll, sich frühzeitig zu überlegen, was man eigentlich mit seinen Worten erreichen will und was notwendig sein wird, dieses Ziel bei seinen Zuhörern zu erreichen. Meistens wird dazu nicht die Präsentation des gesamten inhaltlichen Materials und sämtlicher möglicher Argumente erforderlich sein, meistens ist auch in diesem Fall weniger mehr.

Danach ist es sinnvoll, sich über die inhaltliche Struktur einer Rede oder Präsentation Gedanken zu machen.

Wenn Sie sich zudem klar machen, dass Zuhörer kaum im Kopf nach Hause tragen können, was Sie trotz Vorbereitung nicht im Kopf behalten können, ist auch das ein Maßstab für den sinnvollen Umfang einer Präsentation. Auf eine einfache Formel gebracht sollten Sie zur Vorbereitung folgendes klären und entscheiden:

> ***Was*** *wollen Sie*
> ***wem***
> *in welcher* ***Reihenfolge***
> *zu welchem* ***Zweck*** *sagen.*

In Ihrer Vorbereitung sollten Sie also zuerst eine Reihe von Entscheidungen treffen. Auch bei sorgfältiger Abwägung muss das kein großer Arbeitsaufwand sein.

Die bereits dargestellten Redekonzepte in Fünfer-Strukturen sind zusätzlich eine einfache Leitlinie, die Ihnen die Notwendigkeit erspart, ganze Redetexte zu schreiben. Auf dieser Basis können Sie frei sprechen.

Schritte der Vorbereitung

> *„Ein Sprecher nämlich, der das Wort klug und weise beherrscht, erntet hohe Bewunderung, und wer ihn hört, traut ihm höhere Einsicht und überlegenes Wissen gegenüber allen anderen zu."*

Diese Worte des römischen Staatsmanns und Rhetoriklehrers Cicero weisen darauf hin, dass es fast immer notwendig und sinnvoll ist, sich gut auf eine Rede vorzubereiten.

Je wichtiger der Anlass beziehungsweise das Ziel Ihres Sprechens ist, desto intensiver und langfristiger sollten Sie sich darauf vorbereiten. Machen Sie sich bewusst, was von den fünf Minuten Ihres Sprechens abhängen kann: ein großer Auftrag, ein weiterer beruflicher Schritt, Ihr Image. Da sollten Sie sich wirklich nicht nur auf fünf Minuten Redezeit vorbereiten, sondern entsprechend der Bedeutung des Anlasses.

Wie Sie das tun können, dazu erhalten Sie hier einige weitere systematische Anregungen.

Definieren Sie das Ziel Ihres Sprechens

Der erste Schritt besteht darin, dass Sie sich die Frage beantworten: „Was will ich meinen Zuhörern eigentlich sagen, was ist mein Anliegen?"

Um mehr Klarheit darüber zu gewinnen, können Sie diese Frage in verschiedene Teilfragen untergliedern:

- Wollen Sie etwas verändern oder wollen Sie nur informieren?
- Können Sie Ihr Anliegen quantifizieren und damit für einen Erfolg messbar machen?

- Mit welcher Zielerreichung würden Sie sich zufrieden geben, welches wäre dagegen Ihr optimales Ziel?
- Wie genau wollen Sie Ihr Ziel formulieren, und wann, wo, und wie wollen Sie es vorbringen?

Sein Ziel und Anliegen zu erfassen und zu formulieren, ist manchmal gar nicht so einfach. Wenn Sie beispielsweise in die Situation geraten, einem Ihrer Chefs oder Mitarbeiter eine Jubiläumsrede halten zu müssen, wissen Sie vielleicht zunächst gar nicht, was Sie ihm sagen sollen.

Hilfreich kann es dann sein, wenn Sie von Ihren eigenen Empfindungen und persönlichen Erfahrungen mit diesem Menschen ausgehen. Wenn Sie sich Positives und Negatives vergegenwärtigen, kann das viel Kreativität freisetzen.

Im Fall einer Jubiläumsrede könnte Ihr Redeziel dann darin bestehen, die Verdienste der betreffenden Person zu würdigen und ihre Fehler auf eine freundliche Weise in einem angenehmen Licht zu zeigen. Freundliche Wahrhaftigkeit ist immer sympathischer und glaubwürdiger als Fehler einer Person zu ignorieren und sie mit übertriebenem Lob zu überhäufen. Sie schädigen damit vor allem Ihre Glaubwürdigkeit und Ihr Image. Diese Erfahrung hat der römische Philosoph Seneca in folgende Worte gefasst:

> *„Die Rede ist die Kleidung der Seele, ist sie geschoren, geschminkt und mit Kunst gefertigt, so zeigt sie, dass auch die Seele nicht echt ist und irgendeinen Schaden hat".*

Beweisen Sie also auch den Mut, Probleme nicht unter den Teppich zu kehren. Vielleicht machen Sie es sich stattdessen grundsätzlich zu Ihrem Redeziel, bestehende Probleme anzusprechen und dabei und dadurch zu deren Lösung beizutragen.

Die Materialsammlung oder: Besinnen Sie sich auf Ihre Kompetenz

Bei der Frage, woher Sie nun das Material für Ihre Rede oder Präsentation bekommen, sollten Sie sich vor allem bewusst machen, dass Sie als berufstätiger Mensch – anders als früher als Schüler – fast immer aus einem Feld von Kompetenz heraus sprechen. Die Gefühle, die Sie vielleicht als Schüler vor einem Referat hatten, sind für Sie nicht mehr angemessen. Als Schüler mussten Sie vermutlich manchmal über den einzigen Fleck auf Ihrer ansonsten weißen Landkarte sprechen. Heute dagegen sprechen Sie als jemand, der eine Landschaft schon in verschiedenen Richtungen durchreist hat und aus dieser Erfahrung heraus schöpft und sich Urteile erlauben kann.

Machen Sie sich bei Ihrer Vorbereitung vor allem Ihren Wissens- und Erfahrungsvorsprung vor Ihren Zuhörern bewusst. Erschrecken Sie nicht davor, dass Sie Ihr Thema nicht vollständig und zweifelsfrei beherrschen. Das tut niemand.

Auf dieser Basis können Sie sich dann natürlich um ein aktuelles Informationslevel bemühen, sich Quellen und Fachleute erschließen, wissenschaftliche Literatur heranziehen, Datenbanken nutzen oder durchs Internet surfen. Sind Sie sich bezüglich wichtiger Fakten unsicher, sollten Sie die unbedingt vor Ihrer Präsentation klären, Mit falschen Informationen ertappt zu werden, sollten Sie lieber vermeiden, das würde Ihre Glaubwürdigkeit zu sehr erschüttern. Wenn Sie aber ein Detail nicht wissen, können Sie immer Zuflucht dazu nehmen, Ihre grobe Einschätzung dazu abzugeben.

Wenn Sie dann meinen, genügend Material für Ihre Präsentation zusammenzuhaben, empfiehlt sich bei zureichend Vorlauf eine schöpferische Pause von ungefähr einer Woche. In dieser Zeit können Sie Abstand und Überblick gewinnen. Danach werden Sie leichter überschauen, ob wirklich alle relevanten Informationen beisammen sind, und was Sie damit machen können.

Falls Sie zu diesem Zeitpunkt allerdings das Gefühl haben, zu diesem Thema oder Anlass eigentlich keine Botschaft oder kein Anliegen zu haben, dann sollten Sie spätestens jetzt Ihre Bemühungen einstellen oder die Unsinnigkeit oder Sinnlosigkeit der Fragestellung thematisieren.

Entwickeln Sie den Spannungsbogen

Danach kommt es darauf an, den Spannungsbogen zwischen Ihnen und Ihren Zuhörern zu entwickeln und Ihr Redeziel damit zu verbinden. Dabei gilt es, eine logische Struktur zu entwerfen und die zentralen Begriffe, mit denen Sie Ihr Anliegen ausdrücken wollen, festzulegen.

Klären Sie dafür zunächst einmal auf sich bezogen:

- In welcher Funktion soll oder will ich die Rede halten?
- Was will ich damit bezwecken?
- Wie will ich mich darstellen?
- Was will ich für meine Öffentlichkeitswirkung erreichen?

Danach können Sie sich auf Ihre Zuhörer bezogen fragen:

- Was sind deren Erwartungen, Interessen und Bedürfnisse?
- Welche Einstellungen und Vorurteile kennzeichnen diese Zuhörergruppe?
- Was sind deren vorherrschende Charakterzüge?
- Welche Bedenken oder Einwände sind aus dieser Gruppe zu erwarten?
- Wie ist der Kenntnisstand der Zuhörer?
- Welche sonstigen persönlichen Merkmale der Zuhörer sind zu bedenken (z. B. berufliche und gesellschaftliche Position, Alter, Geschlecht, Bildungsstand)?

Wenn Sie all das einigermaßen überblicken, werden Sie vermutlich ein Problem umreißen können, auf das Sie dieser Zuhörergruppe Ihre Inhalte und Ihre Botschaft als Antwort anbieten können.

Wenn Sie Ihre Zuhörer dann nicht mit fertigen Meinungen konfrontieren, sondern sie mit Ihrer Argumentation Schritt für Schritt in einem Meinungsbildungsprozess führen, werden Sie sie auch zu Ihrem Ziel hin mitnehmen können.

Konzentrieren Sie sich auf das Wesentliche

> *Den Gesandten von der Insel Samos, die eine lange Rede hielten, sagten die Spartaner: „Den Anfang haben wir vergessen, und das Ende nicht verstanden, weil wir den Anfang vergessen hatten.“*

Daraus können Sie lernen: Lassen Sie alles weg, was nicht dazu beiträgt, Ihr Redeziel zu erreichen. Fragen Sie sich nicht: „Was gibt es alles zu diesem Thema zu sagen?“ sondern: „Was ist notwendig zu sagen, um das angestrebte Ziel zu erreichen?“

Mit einem Stichwortzettel können Sie dann durch mindestens einen Rededuchlauf prüfen, wie viel Zeit Sie für Ihre geplante Rede brauchen werden.

Sagen Sie Unangenehmes diplomatisch

> *„Diplomatie ist die Kunst, möglichst viele verschiedene Sprachen authentisch zu sprechen.“*

Wenn Sie Ihren Zuhörern Unangenehmes sagen oder Kritik an ihnen üben müssen, sollten Sie das genau bedenken und planen. Je direkter Sie in eine Konfrontation gehen, desto größer ist das Risiko, dass Ihre Zuhörer auf Widerstand umschalten und Ihre Botschaft nicht annehmen. Ihr Erfolg hängt davon ab, wie feinfühlig und diplomatisch Sie sich in solch einer delikaten Situation verhalten.

Im Folgenden erfahren Sie drei Strategien, die Ihnen helfen können, unangenehme Sachverhalte erfolgreich zu kommunizieren:

Abschwächung

Erstens können Sie Negatives in abgeschwächter Form zum Beispiel als Allgemeinplatz in der „Man-Form“ statt der sonst empfohlenen „Sie-Form“ äußern, also:

> *Statt: „Es ist unsinnig, wenn Sie das alleine versuchen“, könnten Sie sagen: „Man muss das Rad nicht immer wieder selbst neu erfinden, sondern kann auch den Rat von Fachleuten hinzuziehen.“*

Zweitens können Sie auch abschwächen, indem Sie die Frageform und ein paar weiche Worte wie „vielleicht“ verwenden, also:

> *Statt zu sagen: „Das darf so nicht sein!“ können Sie auch die Frageform verwenden: „Muss das wirklich unbedingt so sein, oder könnte es nicht auch eine bessere Möglichkeit dafür geben?“*

Positive Umformulierung

Oft ist es auch möglich, negative Aussagen positiv umzuformulieren und dabei, ohne die Wahrheit zu verbiegen, die positive Seite eines Sachverhalts, einer Person oder einer Situation herauszustellen. Wir haben diese Technik in diesem Buch schon verwendet, um ein positives Selbstbild zu erarbeiten. Sie gilt auch für alle anderen Bereiche. Achten Sie darauf, Ihre Begriffe so zu wählen, dass Sie die von Ihnen gewünschte Bewertung kommunizieren.

> *Statt über einen Menschen zu sagen, er habe sich „rücksichtslos gegen seine Kollegen durchgesetzt, um seine Karriere zu fördern", könnten Sie auch formulieren: „Einige Ihrer Kollegen haben sich manchmal über Ihren Ehrgeiz und Ihre Entschlossenheit gewundert und Sie vielleicht sogar darum beneidet."*

Verpackung in eine Metapher

Eine besonders elegante Art, unangenehme Sachverhalte anzusprechen oder Kritik zu äußern, besteht darin, den Sachverhalt diskret in einen Vergleich oder eine bildhafte Formulierung zu verpacken.

> *Statt zum Beispiel bei der Verabschiedung eines Kollegen zu sagen, er sei „narzisstisch, herrschsüchtig und arrogant" gewesen, können Sie ihn auch mit einem Löwen vergleichen: „Er war in seinem Wesen wie ein Löwe: stolz und imposant in seiner Erscheinung. Sein gesamtes Verhalten drückte aus, dass er der Herr in seinem Revier war."*

Damit ist es möglich die Wahrheit zu sagen, ohne eine negative Wertung damit zu verbinden.

Machen Sie während Ihrer Vorbereitung immer wieder Pausen

Eine besonders effektive Methode, eine Rede vorzubereiten liegt darin, immer wieder Pausen während der Vorbereitung zu machen. Pausen schaffen Abstand und dadurch gewinnen oder bewahren Sie am besten den Überblick. Sie können zudem davon ausgehen, dass Ihr Unterbewusstsein sich auch dann weiter mit einer Aufgabenstellung befasst, wenn Sie sich mit etwas anderem beschäftigen. Insbesondere, wenn es von Ihrem („Ober"-) Bewusstsein einen konkreten Auftrag erhalten hat, zum Beispiel ein Thema auf fünf Hauptaspekte zu sortieren, wird das meistens nach etwas Zeitabstand leichter gehen, als wenn Sie sich sofort darum bemühen. Oft spuckt das Unterbewusstsein dann plötzlich eine Idee, ein Konzept oder sogar eine fertige Rede aus.

Unterstellt, Sie hätten nach Klärung der Aufgabenstellung sechs Wochen Zeit bis zu Ihrer Präsentation. Dann sollten Sie erst einmal eine Woche verstreichen lassen, ehe Sie den ersten Versuch machen, Ihr Thema in einer Fünfer-Struktur zu erfassen und grafisch zu Papier zu bringen. Wenn Sie Ihrem Unterbewusstsein dann als nächsten Auftrag erteilen, die Untergliederung dieser Punkte in noch einmal je weitere fünf Unterpunkte vorzubereiten, können Sie das Ergebnis wieder nach etwa einer Woche „abholen" und zu Papier bringen. Ihre äußerliche Mitarbeit ist jeweils nur insofern erforderlich, als Sie sich von innen herauskristallisierende Ergebnisse ergreifen müssen. Das können Sie am besten, wenn Sie sie in Stichworten niederschreiben. So können Sie mit geringem Arbeitsaufwand eine gute Rede „empfangen".

Üben Sie, frei zu sprechen

Wenn Sie sich für freies Sprechen zu unsicher fühlen, können Sie mehr Sicherheit erlangen, wenn Sie mehreren Personen aus Ihrer Umgebung im lockeren Gespräch erzählen, was Sie in Ihrer Rede sagen wollen. Sie werden dabei den Redestoff jeweils noch einmal mit Zuhörerbezug durchgehen und ihn sich tiefer aneignen. Ihr Partner zu Hause oder ein freundlicher Kollege oder Mitarbeiter können Ihnen dabei durch Fragen die Punkte, die noch unklar sind, aufzuspüren helfen. Nach drei solchen Gesprächsdurchläufen sollten Sie dann eine Präsentation, die beispielsweise an Kunden gerichtet ist, einmal als Generalprobe vor Kollegen halten.

Abraten möchte ich Ihnen von „Probereden" vor dem Spiegel. Dabei reagiert man zu stark auf sich selbst und überlagert damit seine Spontaneität und Körpersprache. Entsprechend verunsichern solche Versuche eher, als dass Sie daraus Sicherheit gewinnen können.

Abschließende Überprüfung

Versetzen Sie sich zum Ende Ihrer Vorbereitung noch einmal in die Situation Ihrer Zuhörer und fragen Sie sich, wie diese Rede auf Sie wirken würde, wenn jemand anderer sie Ihnen zumuten würde. Prüfen Sie noch einmal, ob Sie sich durch den Aufbau, die Argumente, die Bilder und die Art und Weise des Vortrages angesprochen fühlen könnten. Ändern Sie nichts Wesentliches, aber entschlacken Sie die Rede vielleicht noch von Ballast. Kürzen und straffen Sie noch das eine oder andere und machen Sie Einfachheit und Klarheit zu den letzten Überprüfungskriterien.

Damit dann alles noch einmal gut sacken kann und Sie zum Vortrag volle geistige Klarheit haben, sollten Sie Ihre Vorbereitungen idealerweise am Vorabend bis 19.00 Uhr abgeschlossen haben.

Zitate und Quellenangaben

Früher wurden Reden meistens reichhaltig mit Zitaten ausgestattet und geschmückt. Einerseits wurde dadurch die eigene Bildung demonstriert, andererseits sollten Sätze und Aussagen aus dem großen Repertoire der Heiligen Schriften, der Philosophen, Dichter oder Nobelpreisträger dazu dienen, die eigene Position und Autorität zu stützen. Heute werden mit gleicher Absicht vielfach Statistiken oder wissenschaftliche Gutachten zitiert. Das Prinzip dabei bleibt das Gleiche und hat den Sinn, das Gewicht eigener Aussagen durch andere mit höherer Autorität zu verstärken.

Beweischarakter

Wenn eine von Ihnen als Sprecher unabhängige Quelle Ihre Aussagen bestätigt, hebt das Ihre Glaubwürdigkeit. In diesem Sinne wirken etwa Hinweise auf Zahlen aus einem statistischen Jahrbuch.

Autoritätssteigerung

Mit Zitaten sind meist Aussagen von Personen gemeint, die gut formulieren konnten und eine besondere Autorität oder Glaubwürdigkeit hatten oder haben. Wenn Sie sich auf eine solche Person berufen, fällt es schwerer, Ihnen zu widersprechen. Man würde ja nicht nur Ihnen, sondern gleichzeitig dem zitierten Vorstandsvorsitzenden, Wirtschaftsweisen oder Meinungspapst widersprechen. Eine höhere Autorität als diese werden sich aber die meisten Gesprächspartner nicht anmaßen. So gewinnen Ihre Aussagen eine höhere Gültigkeit und Sie eine bessere Durchsetzungskraft.

Umgekehrt können Sie mit dem Hinweis, dass die Meinung Ihres Gegners von einer ansonsten wenig geschätzte Person ebenfalls vertreten wird oder wurde, die Position des anderen untergraben.

So ist es also durchaus sinnvoll, gelegentlich zu zeigen, dass Ihre Position im Einklang mit der anderer, anerkannter Personen steht und eine breite gesellschaftliche Anerkennung besitzt.

Treffende Formulierungen

Wenn es bereits geniale Formulierungen gibt, die einen Gedanken auf den Punkt bringen, dann kann es eine gute Idee sein, sie aufzugreifen und an passender Stelle selbst zu verwenden. Aphorismen, prägnante Sätze oder Slogans sind immer Versuche, eine hohe Verdichtung bei einer Aussage zu erreichen. Sie wurden oft von Spezialisten formuliert, die sich während langer Jahre mit einem Thema beschäftigt haben.

Nun sollten Sie sich nicht unbedacht mit fremden Federn schmücken. Wenn man als Dieb entlarvt wird, zerstört das die eigene Autorität. Daher sollten Sie mitteilen, wer der Schöpfer einer herausragenden Formulierung war. Dabei bewährt sich die Regel, zuerst den Satz zu sagen und erst danach mitzuteilen, von wem er stammt. Vorher hat meist keiner Lust auf Goethe wenn der Satz aber genial war, staunt man gern, dass der alte Goethe das schon so gewusst und gesagt hat.

Problematik von Zitaten

Eine häufige Problematik liegt darin, dass viele Reden – ebenso, so wie wissenschaftliche Arbeiten – überwiegend aus zitierten fertigen Elementen zusammengesetzt und überfrachtet werden, sodass dabei die Lebendigkeit in der Beziehung zwischen Sprecher und Zuhörern zu kurz kommt. Wenn Zuhörer sich unter all dem Wissen und all der Weisheit verschüttet fühlen, vergeht ihnen oft die Lust am Zuhören.

Entsprechend sollten Sie zurückhaltend mit der Menge an Quellen und Zitaten umgehen und insbesondere klassische Zitate eher sparsam verwenden. Eine aktuelle Aussage der Bundeskanzlerin ist zwar eigentlich auch ein Zitat, wird aber anders empfunden, weil der Bezug darauf nicht mehr mit dem Anspruch absoluter Autorität und Ewigkeitsgültigkeit ausgestattet ist, wie früher klassische Zitate.

Modernes öffentliches Sprechen ist weniger Festtagsrhetorik mit erbauendem und ästhetischem Anspruch, heute geht es mehr um eine funktionale und aufs Wesentliche reduzierte Information. Dabei müssen Zusammenhänge geklärt und Entscheidungen herbeigeführt werden. Es muss mit treffenden und werbenden Worten bei teilweise skeptischen Zuhörern für Lösungen für oft schwierige Aufgabestellungen geworben werden. Das gilt erst recht im geschäftlichen Umfeld, wo die praktische Bedeutung der Kommunikation im Überzeugen und Verkaufen von Produkten, Dienstleistungen und Ideen liegt.

Wie Sie trotzdem mit Zitaten positive Effekte setzen können

Die alte autoritätshörige Art des Zitierens war häufig mit pathetischem Tonfall verbunden. Sie ist heute überholt und wird als antiquiert empfunden. Heute werden Sie einen besseren Effekt erreichen, wenn Sie einen Gedanken vor Ihren Zuhörern selbst entwickeln und möglichst klar formulieren. Wenn Sie ihn dann zum Schluss noch einmal pointiert zugespitzt in einer perfekten oder besonders einprägsamen Fassung bringen, können Sie damit den geistigen Gehalt Ihrer Botschaft bestmöglich verankern. Wenn Sie außerdem sagen können, dass diese treffende Formulierung von einer prominenten Person stammt, werden Ihre Zuhörer verblüfft sein und Sie haben die beabsichtigte Wirkung Ihres Gedankens doppelt verstärkt: durch seine Klarheit und durch die Autorität einer prominenten anderen Person.

Das Setting

Mit der bestmöglichen Rede werden Sie vor den falschen Zuhörern keinen Erfolg haben. Ebenfalls können Sie nichts gewinnen, wenn die Gruppe zu groß und die Verstärkeranlage zu klein oder defekt ist. Sitzen Sie mitten im Publikum, haben Sie einen anderen Effekt, als wenn Sie hoch auf einer Bühne stehen, aber auch das muss nicht unbedingt der ideale Platz für die bestmögliche Wirkung sein. Auch ein falsch gewählter Zeitpunkt kann eine Rede nutzlos oder wirkungslos machen.

Umgekehrt sollten Sie sich genau überlegen, wann Sie vor wem an welchem Ort Ihre Präsentation aufstellen und wie Sie Ihren Worten den gewünschten Effekt verschaffen können.

Ist es wirklich in Ihrem Sinne, einen wichtigen Beitrag als neunten Tagesordnungspunkt in einer Besprechung zu bringen, bei der gar nicht alle Teilnehmer vom Thema betroffen sind? Wäre es nicht vielleicht klüger, selbst als Gastgeber aufzutreten und eine separate Veranstaltung für Ihr Zielpublikum aufzustellen?

> Der damalige Kanzlerkandidat Gerhard Schröder mietete für seine Wahlveranstaltung in Köln die gerade fertiggestellte, aber noch nicht eröffnete spektakuläre Großveranstaltungshalle „Köln-Arena". Jeder Kölner war neugierig darauf und konnte nun zu dieser Veranstaltung kostenlos in die Arena. Sie wurde so „rappelvoll", dass draußen noch Leute abgewiesen werden mussten. Weshalb waren sie wohl gekommen? Nur wegen Gerhard Schröder?

Prüfen Sie die Tagesordnung, die Rednerliste und den Zeitpunkt, an dem Sie eingeplant sind. Es lohnt sich oft, darüber zu verhandeln, eine günstigere Zeit oder einen anderen Vor- oder Nachredner zu bekommen.

> Wenn Ihre Vorredner schwach waren, können Sie als letzter vor dem Mittagessen noch einmal die volle Aufmerksamkeit gewinnen und Ihr Beitrag hat dann die beste Chance, während der Mittagspause Gesprächsthema zu bleiben.

Überlegen Sie sich auch, in welchem Raum und an welchem Ort Ihr Beitrag wichtig erscheint und die notwendige Aufmerksamkeit erhält:

> Ein kleiner Raum, der nicht genug Sitzplätze für alle Gäste hat, sodass noch einige stehen müssen, lässt Sie wichtiger erscheinen als ein halbleerer großer Saal.
>
> Eine Veranstaltung in Berlin, Köln, Zürich, Hamburg oder München ist als Reiseziel attraktiver als vielleicht Kaiserslautern, Recklinghausen oder Chemnitz.

Überlassen Sie also nichts dem Zufall, der Bequemlichkeit oder Gedankenlosigkeit Ihres Umfeldes, sondern planen Sie auch die Rahmenbedingungen bewusst und zielgerichtet mit, um Ihren Worten die gewünschte Beachtung und Resonanz zu sichern.

6. Was Sie bei speziellen Redeanlässen berücksichtigen sollten

Die Informationsveranstaltung

Machen Sie sich hinsichtlich einer als Informationsveranstaltung ausgeschriebenen Zusammenkunft klar, dass es hier nicht um beliebige Information geht, sondern dass mit der Auswahl und Bewertung dieser Informationen ein Überzeugungsziel verbunden ist. Fallen Sie also nicht auf die selbst verursachte Täuschung rein, dass es um „reine" Information gehe.

> Selbst wenn Sie nur vor Ihrem Vorstand über ein gerade abgeschlossenes Projekt berichten müssen, geht es nicht nur darum, den Vorstand zu informieren, sondern ihm klar zu machen, dass er mit dem Ergebnis zufrieden sein kann.
>
> Wenn Sie einen potenziellen Kunden auf die technischen Möglichkeiten eines Produktes hinweisen, wollen Sie ihm den Kauf schmackhaft machen.

Verfallen Sie also nicht in akademisch-technisch trockenes Fachchinesisch, sondern achten Sie darauf, Ihren Gesprächspartner emotional positiv zu stimmen, ihm außer Information auch Struktur, Klarheit und Unterhaltungswert zu bieten, ihn persönlich und individuell anzusprechen und auf seine Fragen und Interessen Bezug zu nehmen.

Die Präsentation

„Präsentation" bedeutet übersetzt: „Vergegenwärtigung". Der Anspruch dabei sollte also sein, etwas, das nicht hier und nicht jetzt ist, beispielsweise ein Gebäude, das erst in mehreren Jahren realisiert sein könnte, jetzt hier und heute Zuhörern als so gegenwärtig vor Augen zu stellen, dass sie es vor ihren geistigen Sinnen sehen und fühlen können. Wenn sie es dann als bedeutungsvoll erleben und empfinden können, werden sie aus dieser Motivation auch entscheiden, dass es gebaut werden soll.

Irrigerweise wird in der Praxis oft zum Definitionskriterium für Rede oder Präsentation, ob dabei zusätzliche Medien eingesetzt werden oder nicht. Bei einer „Rede" erwartet man zusätzliche Medien eher nicht, bei einer „Präsentation" dagegen möglichst viele. Eine Präsentation gilt oft als umso besser, je mehr Folien, Videos oder computeranimierte Grafiken darin enthalten sind. Der Sprecher tritt bei solchen Präsentationen oft in den Hintergrund und wird nur zum Bedienungspersonal der Technik. In Wirklichkeit wird vielfach der ganze Technikaufwand von Leuten betrieben, die sich nicht zutrauen oder auch nicht in der Lage wären, andere Menschen aus sich selbst heraus zu überzeugen. Sie greifen dann zu Ersatzmitteln, die zwar zu beeindrucken vermögen, selten aber einen Zuhörer wirklich persönlich motivieren.

Als Argument für die Technik wird oft der Begriff „Visualisierung" verwandt. Das Argument ist richtig, wird aber in den falschen Zusammenhang gestellt. Visualisierung beginnt bei der Gestik, Mimik und Körperhaltung und findet ihre Steigerung in bildhaften Vergleichen und Metaphern. Darauf wurde schon hingewiesen.

Sie brauchen kein Kuchendiagramm an die Leinwand zu werfen, um Prozent-Verteilungen zu veranschaulichen, Sie können auch darüber *sprechen*, dass, wenn man den Entwurf des Bundeshaushalts des nächsten Jahres mit einem Kuchen von 12 Stücken vergleicht, davon etwa zwei an das Verteidigungsressort gehen, vier an Arbeit- und Soziales und nur soviel wie ein kleines Sahnehäubchen von einem Stück Kuchen für Entwicklungshilfe ausgegeben wird. Sie sollten das dann wirklich korrekt ausgerechnet haben und sich für die Relation verbürgen können.

Sinnvoll ist eine technische Visualisierung mit Folien oder Dias dann, wenn beispielsweise ein konkretes neues Produkt vorgestellt werden soll, das entweder noch nicht fertig vorzeigbar oder aber zu groß ist, um im Versammlungsraum zu sein. Dann würde man besser ein Bild davon zeigen.

Wichtig ist beim zusätzlichen Einsatz von Medien, dass Sie als Sprecher dadurch nicht entwertet werden. Um Ihren eigenen Stellenwert zu wahren, ist es vorteilhaft, erst zu erklären, worum es geht, bei den Zuhörern dann Spannung zu erzeugen, um ihnen dann vielleicht mittels ein paar Bildern oder Charts etwas sichtbar zu machen, das dann schließlich durch Sie als Redner bewertet, zusammengefasst und für den konkreten Anlass auf den Punkt gebracht wird.

Sie stehen damit deutlich über den dargestellten Sachverhalten und beweisen Urteilskompetenz. Auf keinen Fall sollten Sie an die Wand projizierte Texte vorlesen oder einem Ablauf, der für alle schon ersichtlich ist, folgen. Die Medien müssen Ihnen eindeutig untergeordnet sein. Sie sollten souverän darüber stehen und mit ihnen locker umgehen.

Ihre Glaubwürdigkeit, Überzeugungs- und Motivationskraft liegt in Ihrer Person. Nur wenn Ihre Zuhörer zu Ihnen Vertrauen empfinden können, werden sie sich innerlich auf das einlassen, was Sie ihnen vorschlagen, sich damit identifizieren und es auch selber wollen.

Jubiläumsreden

Statt bei einem Jubiläum einen Lebenslauf abzulesen, sollten Sie sich etwas Besseres einfallen lassen. Fünf Möglichkeiten werden hier vorgeschlagen:

Sprechen Sie aus Ihrer inneren Einstellung heraus

Fragen Sie sich nicht, „Was könnte oder müsste man da sagen?“, sondern: „Was möchte ich diesem Menschen längst schon einmal sagen?“

Die rhetorische Aufgabe besteht dann nur noch darin, diesem Inhalt eine Form zu geben: „Wie“ kann das am besten gesagt werden?

„Lieber NN., heute möchte ich einmal etwas aussprechen, was mir schon länger am Herzen liegt: Viele Menschen in deinem Alter sind längst verschlissen, du aber bist auf eine ganz besondere Weise energievoll und dynamisch und vermagst uns alle immer wieder zu inspirieren. Für mich und uns bedeutet das, dass du für uns ein ganz wichtiger und kostbarer Mensch bist, den wir gern in unserer Mitte haben. Für dein Vorbild und deine Unterstützung möchte ich dir im Namen aller hier Anwesenden ganz herzlich danken.“

Schilderung einer typischen Situation

Oft bringt die Schilderung eines einzigen persönlichen Erlebnisses mit der zu feiernden Person, das dann als typisch für den Jubilar ausgelegt wird, schon den Effekt der Würdigung dieser Person. Eigenschaften, die sonst nur abstrakt aufgezählt werden könnten, erhalten so einen konkreten und glaubwürdigen Hintergrund und werden nicht mehr als zufällige Einzelereignisse ausgelegt, sondern als Ausdruck innerer charakterlicher Haltungen bewertet. Diese ehrend zu erwähnen, hebt die Person dann in ihrer Besonderheit positiv heraus.

Symbolhafter Vergleich des Jubilars

Besonders reizvoll und witzig ist es, wenn es Ihnen gelingt, jemanden oder eine Situation dadurch zu charakterisieren, dass Sie sie auf bildhafte Weise in Vergleich zu etwas anderem setzen:

„So wie der Fuchs dem Bauern die besten Hühner aus dem Stall holt, so raubst du der Konkurrenz die besten Kunden. Listig wie Reineke Fuchs hast du eine Strategie entworfen, die fast immer erfolgreich ist.“

„Als Chef dieses Unternehmens ist Ihre Aufgabe mit der eines Kapitäns auf einem Ozeanriesen vergleichbar. So wie er das Schiff an allen Klippen und Untiefen vorbeisteuern muss, so tragen auch Sie die

Verantwortung, dass unser Unternehmensschiff nicht an den Klippen des europäischen Binnenmarktes scheitert."

Je genauer und feinsinniger die Parallelen aufgebaut werden, desto unterhaltsamer und wirkungsvoller wird eine solche Rede sein.

Provokation und Wendung

Besonders eindrucksvoll ist es, wenn Sie damit beginnen, einige echte Negativpunkte des Jubilars aufzuzeigen. Der Zweck Ihrer Rede liegt dann darin, zu zeigen, dass das, was von vielen als negativ bewertet wurde, nur scheinbar schlecht ist und „richtig" verstanden etwas sehr Positives ist, was allen nutzen kann:

„Frau NN., Sie gelten in dieser Abteilung als eine manchmal etwas schwierige und hartnäckige Kollegin, mit der es nicht immer leicht ist, zurechtzukommen. Wenn Sie alle sich aber einmal genauer überlegen, was Hartnäckigkeit eigentlich für eine Eigenschaft ist, dann bedeutet sie auch Ausdauer, Geradlinigkeit und Stärke. Wünscht man sich nicht eigentlich genau solche Kollegen und Kolleginnen? Dann sollten wir uns doch vielleicht künftig besser zusammenraufen bis wir uns mit Frau NN. so geeinigt haben, dass sie unsere gemeinsamen Anliegen mit ihrer Hartnäckigkeit unserem Chef oder unseren Kunden gegenüber vertritt. Dann können wir uns freuen, eine starke Frau unter uns zu haben."

Vom Wert übertriebenen Lobens

Gerade bei Leuten mit negativen Eigenschaften bietet sich auch folgende Methode an: Vor der versammelten Festgemeinde loben Sie den Jubilar in genau den Punkten, die eigentlich zu tadeln wären. Sie erwähnen seine guten Absichten, und seine (in Wirklichkeit vielleicht nur winzigen) Erfolge in dieser Hinsicht. Sie erwähnen nichts Negatives, übertreiben absichtlich das Positive und loben an ihm vor allem (noch) nicht vorhandene, aber erwünschte Verhaltensweisen.

Zweck dieses Ansatzes ist es, eine Person durch die öffentliche Beschreibung ihres positiven Wesens zu einer Verstärkung der positiven Verhaltensweisen zu motivieren. Die meisten Menschen tun schließlich das, wofür sie Anerkennung bekommen.

Betrachten Sie in diesem Sinne Feste als Gelegenheiten, bei denen Sie durch eine kleine Rede manches bewirken können, das Ihnen sonst in vielen Gesprächen nicht gelingt.

Die Rede zur Motivation

Der Hauptfehler beim Versuch, Menschen zu motivieren, ist, möglichst viele und eindrucksvolle Gründe aufzuzählen, weshalb etwas Bestimmtes getan werden müsse. Motivation kann aber nicht durch Sachargumente gelingen. Dafür ist es notwendig, den Zusammenhang zwischen einer geforderten Aktion und einem inneren Bedürfnis oder Motiv eines Menschen herzustellen. Es ist entsprechend wichtiger, sich in einer Rede auf diesen Aspekt zu konzentrieren als auf Sachgründe. Nur wenn Sie die Bedürfnisse Ihrer Zuhörer ansprechen und wecken und klar zeigen können, dass Ihr Vorschlag diese Bedürfnisse befriedigt, können Sie von ihnen mit Zustimmung dafür rechnen.

Die Grundeinstellung, mit der es am leichtesten ist, andere Menschen zu erreichen und zu motivieren, ist: „Ich trage dazu bei, Bedürfnisse zu befriedigen beziehungsweise Probleme zu lösen, die Sie haben oder haben könnten." Wenn Sie in diesem Sinn glaubwürdig vermitteln, dass Sie nichts für sich fordern, sondern wirklich die Interessen Ihrer Zuhörer bedenken und bedienen, können Sie mit Aufgeschlossenheit und Interesse rechnen. Zuhörer sind Egoisten wie alle Menschen. Sie wollen nichts geben, sondern sie wollen etwas haben. Also fordern Sie von ihnen keine Zustimmung zu einer Maßnahme, sondern machen Sie ihnen klar, dass Ihr Vorschlag ihnen einen Vorteil bringt.

7. Aphorismen, Sprichwörter und Weisheiten zur Rhetorik

Wir reden
wir reden dauernd
aneinander vorbei

Wir reden
wir reden uns
immer weiter auseinander

Vielleicht
schweigen wir uns wieder zusammen

Lothar Zenetti

Zu Sokrates kam eines Tages ein Mann und wollte bei ihm das Reden lernen. Sokrates hörte ihm lange zu und sagte dann: „Ich nehme dich als Schüler an, aber zum doppelten Preis!" – „Wieso?" fragte der Schüler erstaunt. – „Weil ich dich in zwei Künsten unterweisen muss: im Reden und im Schweigen."

Schweigen, Einsamkeit, Ruhen und Warten –
das sind Wege nach innen.
Durch das beständige Sprechen, Lärmen und Tönen
wird der Mensch aus sich selbst hinausgedrängt.
Sein inneres Zentrum zerfällt.
Und er verliert auch das rechte Wort;
denn das Schweigen gehört zum Sprechen
wie das Einatmen zum Ausatmen.
Erst beides zusammen sind das Ganze

Romano Guardini

Reden ist Silber,
Schweigen ist Gold.

Volksweisheit

Es ist auf Erden kein besser List,
dann wer seiner Zungen ein Meister ist.

Martin Luther

Große Dinge sprechen sich am besten durch Schweigen aus.

Polnisches Sprichwort

Ein verständiger Mann trägt seine Klugheit nicht zur Schau;
aber das Herz des Toren schreit seine Torheit hinaus.

Bibel, Sprüche 12, 23

Während du mit dem Schweigen kämpfst,
kämpfst du auch gleichzeitig mit dem Reden.
In dem Grade, wie du Herr über das Schweigen wirst,
wirst du auch Herr über das Reden.

Elisabeth Haich

Wehe euch, ihr Schriftgelehrten und Pharisäer, ihr Heuchler!
Ihr gleicht übertünchten Grabmälern:
Von außen sehen sie zwar schön aus;
aber innerlich sind sie voll Unrat und Totengebein.

Bibel, Matthäus 23, 27

Nur wer wesentlich schweigen kann,
kann wesentlich reden.

Sören Kierkegaard

Sprich, damit ich dich sehe!

Antiker Spruch

Man braucht zwei Jahre, um sprechen zu lernen,
und fünfzig, um das Schweigen zu lernen.

Ernest Hemingway

Eine Art Habgier ist es,
wenn einer immer nur reden
und nicht zuhören will.

Demokrit

Wes das Herz voll ist, des geht der Mund über.

Bibel, Math. 12, 34

Der Maggid sprach einmal zu seinen Schülern: „Ich will euch die beste Art lehren, Lehre zu sprechen. Man soll sich selber gar nicht mehr fühlen, nichts mehr sein, als ein Ohr, das hört, was die Welt des Wortes in einem redet. Sowie man aber die eigene Rede hört, breche man ab.

Jüdische Erzählung

Wer sich tief weiß, bemüht sich um Klarheit;
wer der Menge tief scheinen möchte, bemüht sich um Dunkelheit.

Friedrich Nietzsche

Es bleibt wohl nur eines:
immer einfacher zu sprechen,
denn die Einfachheit widerstrebt der Zerstörung.

Romano Guardini

Ein gelehrter Mann, der einst Sabbatgast an Rabbi Baruchs Tisch war,
sagte zu ihm: „Lasst uns nun Worte der Lehre vernehmen, Rabbi,
ihr redet so schön.“ – „Ehe dass ich schön rede“, antwortete der Rabbi,
„möge ich stumm werden!“

Jüdische Erzählung

Es ist unglaublich, mein Lucilius,
wie leicht die Lockung des Schönredens
selbst bedeutende Männer von der Wahrheit wegführt.

Seneca

Das Schlimmste an manchen Rednern ist,
dass sie oft nicht sagen, wovon sie sprechen.

Heinz Erhardt

Worte sind nur Worte,
und wo sie gar leicht und behände dahinfahren,
da sei auf der Hut;
denn die Pferde, die den Wagen mit Gütern hinter sich haben,
gehen langsameren Schrittes.

Matthias Claudius

Unmittelbar teilt sich aber der innere Mensch dem Ohre mit,
und zwar durch den Ton seiner Stimme.
Der Ton ist der unmittelbare Ausdruck des Gefühls.

Richard Wagner

Wer viel schießt, ist noch kein Schütze,
wer viel spricht, ist noch kein Redner.

Konfuzius

Wahrhaftiger Mund bestehet immerdar;
aber die falsche Zunge bestehet nicht lange.

Bibel, Sprüche 12, 19

Worte sind für Gedanken, was Gold für Diamanten:
Es bedarf seiner, um sie einzufassen, aber es gehört wenig dazu.

Voltaire

Was den Rednern an Tiefe fehlt,
ersetzen sie durch Länge.

Montesquieu

Und einmal entsandt,
fliegt unwiderruflich dahin das Wort.

Horaz

Das Herz ist es,
das den Redner macht.

Quintilian

Der Baalschem sprach: „Wenn ich meinen Sinn an Gott hefte,
lasse ich meinen Mund reden, was er will,
denn alle Worte sind dann an ihre obere Wurzel gebunden."

Jüdische Erzählung

Schläft ein Lied in allen Dingen,
die da träumen fort und fort,
und die Welt hebt an zu singen,
triffst du nur das Zauberwort.

Josef von Eichendorff

Kalter Tee und kalter Reis sind vielleicht gerade noch zu ertragen;
aber kalte Worte sind nicht zum Ausstehen.

Aus China

Der höchste Gipfel der Redekunst
ist nur einem anständigen Menschen erreichbar.

Quintilian

Das Lächeln, das du aussendest, kehrt zu dir zurück.

Indischer Spruch

Der Autor

Dr. phil. Winfried Prost
hat seit 1980 mehr als 1300 Rhetorik-, Dialektik-, Führungs- und Persönlichkeitsseminare sowie zahlreiche Coachings für Vorstände und andere Führungskräfte mit insgesamt mehr als 13 000 Teilnehmern durchgeführt. Seit 1986 finden seine Seminare überwiegend im eigenen Seminarhaus am Rhein in Köln statt. 1996 gründete er die „Akademie für Ganzheitliche Führung" in Köln und eröffnete 2006 eine Zweigniederlassung in Zürich.

Er studierte Philosophie, Theologie, Pädagogik und Politikwissenschaft in Frankfurt und Bonn und ist Experte für Rhetorik, Dialektik, Führung und Persönlichkeitsentwicklung. Er berät in Führungsfragen sowie bei schwierigen Verhandlungen. Weitere Schwerpunkte seiner Coachings sind: Öffentlichkeitsarbeit, Persönlichkeitspsychologie und Psychosomatik. Sein Ansatz ist eine ganzheitliche, das heißt alle Persönlichkeitsebenen und Lebensbereiche umfassende Wachstumsarbeit, deren Ziel es ist, alle Persönlichkeitsanteile zu aktivieren und in die eigene Person zu integrieren.

Winfried Prost ist Autor von 22 Büchern und Vater von fünf Söhnen und einer Tochter.

Wenn Sie Kontakt aufnehmen wollen, können Sie das über:
www.winfried-prost.de

Weitere Bücher von Winfried Prost

FÜHREN MIT AUTORITÄT UND CHARISMA; Als Chef souverän handeln, Gabler 2008

DIALEKTIK – DIE PSYCHOLOGIE DES ÜBERZEUGENS; 2. überarbeitete Auflage, Gabler 2008

MANIPULATION UND ÜBERZEUGUNGSKUNST; Wie Sie andere gewinnen und sich vor Fremdsteuerung schützen, Gabler 2009

VOM UMGANG MIT SCHWIERIGEN MENSCHEN; Experten berichten von ihren heikelsten Fällen und deren Lösung, herausgegeben von Winfried Prost, Gabler 2009

FÜHRE DICH SELBST!; Die eigene Lebensenergie als Kraftquelle nutzen, Gabler, in Vorbereitung, 2010

GLASPERLENSPIELE*; Verborgenem Wissen auf der Spur, Reise zum tieferen Sinn unserer Worte, 1999

AUS PARTITUREN DES SCHICKSALS; Schicksale und Krankheiten tiefenpsychologisch gedeutet, Lingenbrink 2000

COACHING-BREVIER*; 150 Goldene Regeln für Coaching und Training, 2003

Lexikon körperlicher und psychischer Symptome und der Geschichten dahinter, 2004

* *Diese Bücher sind nur beim Autor direkt erhältlich: www.winfried-prost.de*

Stichwortverzeichnis

Managementwissen: kompetent, kritisch, kreativ ↗

Lebendigkeit im Unternehmen freisetzen und nutzen

Lebendigkeit ist der fundamentalste Wettbewerbsvorteil eines Unternehmens. Denn durch einen hohen Grad an Lebendigkeit entsteht alles andere: Spitzenleistung, Innovationskraft, Veränderungsbereitschaft, Dynamik und Tempo. Dieses Buch zeigt, wie diese hohe Lebendigkeit in Unternehmen erreicht werden kann.

Matthias zur Bonsen
Leading with Life
Lebendigkeit im Unternehmen freisetzen und nutzen
2009. 273 S.
Geb. EUR 39,90
ISBN 978-3-8349-1353-1

Anleitung zu mehr Mut, Entschlossenheit, Erfolg

Mut ist die fundamentale Antriebskraft, damit wir im Leben das erreichen, was wir wirklich wollen. Um mutig und erfolgreich handeln zu können, benötigen wir Metaphern einer mutigen Selbsterzählung. Denn in jedem Augenblick unseres Lebens handeln wir nach Geschichten, die wir uns selbst erzählen – so der Managementberater und Coach Kai Hoffmann. Mithilfe der Metapher des Boxens wirft der Autor einen überraschenden Blick auf unser Verhalten im Alltag. Eindringliche Praxisfälle belegen seine einzigartige und bewährte Coachingmethode, die auf neuesten Erkenntnissen der Gehirnforschung basiert. Um seine Selbstführung im täglichen Leben wirksam durchzuboxen, muss der Leser nicht in den Ring steigen.

Kai Hoffmann
Dein Mutmacher bist du selbst
Faustregeln zur Selbstführung
2009. 204 S.
Geb. EUR 29,90
ISBN 978-3-8349-1664-8

Besser führen mit Humor

Mit Humor erträgt sich vieles leichter. Wie man mit Humor besser führt, zeigt Gerhard Schwarz in dieser spannenden und aufschlussreichen Lektüre. Ein echtes Lesevergnügen. Der Autor unterscheidet folgende Formen des Komischen: Ironie, Schadenfreude, Satire, Sarkasmus, Zynismus und Humor. Jetzt in der 2., überarbeiteten Auflage. Neu sind nützliche Ergänzungen zur Rolle des Humors bei der Konsensfindung in Gruppen und Organisationen sowie zur reinigenden Funktion des Humors in stark emotional aufgeladenen Situationen.

Gerhard Schwarz
Führen mit Humor
Ein gruppendynamisches Erfolgskonzept
2., überarb, Aufl. 2008. 220 S.
Geb. EUR 29,90
ISBN 978-3-8349-0815-5

Änderungen vorbehalten. Stand: Juli 2009.
Erhältlich im Buchhandel oder beim Verlag

Gabler Verlag . Abraham-Lincoln-Str. 46 . 65189 Wiesbaden . www.gabler.de

GABLER